Ilchi Lee & Jessie Jones

In voller Blüte

Ilchi Lee &
Jessie Jones

In voller Blüte

Übungen, die Ihr Gehirn bis ins hohe Alter jung und frisch halten

Aus dem Amerikanischen übersetzt

von Claudia Seele-Nyima

arbor

Arbor Verlag
Freiburg im Breisgau

„Falten sollen nur zeigen, wo das Lächeln erstrahlte."
Mark Twain

Die Originalausgabe erschien unter dem Titel:
In Full Bloom

1. Auflage 2010

Titelfoto: © 2010 Gerti G. | photocase.com
Lektorat: Richard Reschika
Gestaltung Innenseiten: Sandy Riemer
Gestaltung Buchcover: Anke Brodersen
Druck und Bindung: Westermann, Zwickau

Dieses Buch wurde auf 100 % Altpapier gedruckt und ist alterungsbeständig.
Weitere Informationen über unser Umweltengagement
finden Sie unter www.arbor-verlag.de/umwelt.

www.arbor-verlag.de

ISBN 978-3-86781-001-2

Inhalt

Einleitung

Gesundes Gehirn, gesundes Altern

Das Gehirn ist der Sitz unseres Menschseins. Der erste Funke einer Gehirnwellenaktivität bezeichnet den Beginn eines jeden Menschenlebens; das letztendliche Aufhören dieser Aktivität kennzeichnet das Ende dieses Lebens. Jede Erfahrung, jedes Gefühl und jede Erinnerung erreicht uns durch die Vermittlung des Gehirns. Es ist die Quelle all unserer Kunst, Wissenschaft und Kultur. Angetrieben von unzähligen Billionen Nervenverbindungen umarmen wir unsere Kinder, lernen wir, einen Baseball zu schlagen, schreiben wir erste Romane, beten zu unserem jeweiligen Gott und wenden uns unseren Freunden zu, um ihnen zu helfen. Praktisch gesehen, *sind* wir unser Gehirn.

Mithin kann es beunruhigend sein, ins mittlere Alter zu kommen oder sogar ein noch höheres Alter zu erlangen und die Aussagen der öffentlichen Medien darüber zu hören, was unser Gehirn erwartet, wenn wir älter werden. Unsere Kultur wimmelt von Bildern bejahrter Individuen, deren Geist vernebelt, verwirrt und nutzlos ist. Wenn wir an Alter und Gehirn denken, kommen uns Begriffe wie Demenz, Alzheimer und Parkinson-Krankheit in den Sinn. Selbst wenn unsere Gedanken sich nicht mit solchen Untergangsszenarien befassen, lehrt uns die herkömmliche Auffassung, ein aktives, kreatives, vitales, sich verbesserndes Gehirn sei in einem alternden Körper so selten zu finden wie ein versunkener Schatz auf dem Grund des Ozeans.

Keiner von uns denkt gerne daran, dass wir unser Gedächtnis oder unsere Fähigkeit, zu denken und logisch zu schlussfolgern, im Verlauf des Alterns verlieren. Und doch gehen die meisten von uns davon aus, dass genau dies geschehen wird, ganz gleich, was wir tun. Wir akzeptieren also passiv die Vorstellung, vergesslich zu werden, und halten es für unvermeidlich. Wir ärgern uns über Gedächtnisausfälle im fünften oder sechsten Lebensjahrzehnt und befürchten, es sei ein vorzeitiges Ausbrechen von Alzheimer oder einer anderen Form von Demenz. Wir erzählen bange Witze über Ältere, die ihre Identität verloren haben, und lachen, während wir beten, nicht selbst zur Zielscheibe der Witze anderer zu werden, wenn wir neunzig sind. Nun, vielleicht ist es höchste Zeit, einige Mythen über das alternde Gehirn auszuräumen.

Die Wahrheit über das Alter und das Gehirn

Seit über 25 Jahren arbeiten wir daran, die Wahrheit über das Gehirn und seine Rolle als Quelle und Vermittler sämtlicher menschlicher Aktivität zu verstehen. Wichtiger noch: Wir haben nach Wegen gesucht, wie jeder von uns aus dem praktisch grenzenlosen Potential des Gehirns für Wachstum, Glück und ein Leben in Frieden und Gesundheit schöpfen kann. Bei unserer Suche haben wir eine neue Wahrheit in Bezug auf das Gehirn entdeckt: Es ist unendlich anpassungsfähig. Denn unser Gehirn ist der ultimative entscheidende Faktor unserer Kultur, unseres Bewusstseins und unseres Verhaltens. Indem wir unser Gehirn entwickeln, wie wir einen Muskel entwickeln würden, befähigen wir uns selbst, unsere Wirklichkeit zu ändern. Unser Gehirn erschafft unsere Welt; es ist daher höchste Zeit, die Kontrolle über unser Gehirn zu übernehmen, um eine Welt zu schaffen, in der wir leben wollen.

In diesem Buch werden wir Ihnen zeigen, dass Sie, statt veraltete Vorstellungen über das Altern des Gehirns passiv zu akzeptieren, ihrem Gehirn aktiv dabei helfen können, sich zu entwickeln und sein Potential freizusetzen. Die Gehirnschulung gemäß BEST – engl. „Brain Education System Training“[1] – ist eine Methode, durch die Sie die Ihnen innewohnenden Fähigkeiten in Bezug auf Gesundheit, Wohlbefinden, Leistung und inneren Frieden durch optimales Management Ihres Gehirns entwickeln können. Mit Hilfe von BEST können Sie Ihrem Gehirn beibringen, auch mit fortschreitendem Alter noch kreativer und produktiver zu werden. Sie sind in der Lage, größere Harmonie zwischen Ihrem Geist und Ihrem Körper zu fördern und neue Freude und Frieden in Ihrem Leben und in der Welt, die Sie umgibt, zu entdecken. Grundsätzlich können Sie traditionellem Denken über das alternde Gehirn trotzen und sich noch in fortgeschrittenem Alter gesteigerter geistiger Beweglichkeit und Kreativität erfreuen.

Die Informationen dieses Buches sind weder bloße Vermutungen noch Wunschdenken. Sie sind das Ergebnis jahrelanger und empiri-

1 „Lehrsystem der Gehirnschulung“

scher Forschungen über die Beschaffenheit des Gehirns und die Art und Weise, wie es auf die Handlungen des Körpers reagiert. Sie resultieren zudem aus der Arbeit Ilchi Lees mit Yoga, Gesundheitserziehung und Wellness-Ausbildung, mit Meditation und anderen Traditionen Asiens, die Geist und Körper zu einem gesunden, integrierten Ganzen vereinigen. Ebenso beruhen sie auf der Arbeit von Dr. Jones, insbesondere im Bereich der Bewegungslehre und Sportgerontologie (im Englischen als *Gerokinesiology* bezeichnet), der Wissenschaft über die Wechselwirkungen von körperlicher Bewegung und Altern.

Die Wahrheit über das alternde Gehirn ist einfach, aber außergewöhnlich: Obwohl ein gewisser Verlust an Klarheit und Erinnerungsvermögen im Lauf der Jahre unvermeidlich ist, unterliegt ein Großteil des Gehirnalterungsprozesses Ihrer Kontrolle. Sie können mit sechzig, siebzig, achtzig und darüber hinaus noch ein leistungsfähiges Gehirn haben. Sie brauchen sich nur dafür zu entscheiden, es für eine bessere Lebensweise zu schulen.

Die stürmischen Vierziger

Für Seeleute bezieht sich der Ausdruck *stürmische Vierziger* auf das Gebiet unterhalb vierzig Grad südlicher Breite, wo das Meer für kleine Schiffe wegen hohen Seegangs und starker Winde allmählich immer erbarmungsloser und gefährlicher wird. Doch für jeden Mann und jede Frau kann der Ausdruck auch das Alter ab vierzig bezeichnen, wenn das Gehirn mit einer wachsenden Gefahr, abzubauen, konfrontiert wird. Neue Forschungen haben ergeben, dass im Gehirn von Menschen über vierzig jene Teile des Gehirns, die mit Gedächtnis und kognitiven Abläufen zu tun haben, allmählich in ihrer Funktionsfähigkeit nachlassen – zumindest bei manchen. Obwohl die Forschungen keineswegs beweiskräftig sind, wird dadurch angedeutet, dass in unserem fünften Lebensjahrzehnt viele von uns unter Umständen physische Gehirnausfälle haben, ohne es zu merken.

Wir finden das kaum überraschend. Schließlich haben viele von uns bereits die Erfahrung gemacht, dass es im mittleren Alter schwierig sein kann, sich an Dinge zu erinnern; zum Beispiel daran, wo wir die Autoschlüssel gelassen haben, was wir in der Küche holen wollten usw. Dass das Gehirn, ebenso wie der Rest des Körpers, altersbedingten Veränderungen unterworfen ist, ist nichts Neues. In den Jahren zwischen dem zwanzigsten und achtzigsten Lebensjahr verlieren wir etwa fünf bis zehn Prozent unserer Gehirnmasse, und diese natürliche Veränderung bringt einige Beeinträchtigungen mit sich, wie zum Beispiel eine langsamere Reaktionszeit am Steuer oder das Unvermögen, sich an den Namen einer neuen Bekanntschaft zu erinnern. Doch obwohl das alternde Gehirn naturgemäß einigen Schaden erleidet, ist Demenz keine unvermeidbare Begleiterscheinung des Alters. Sie können viel tun, um dem vorzubeugen.

Einem weiteren allgemein verbreiteten Mythos über das alternde Gehirn zufolge bestimmt unser genetisches Erbe letztendlich die Gesundheit unseres Gehirns, so dass sie außerhalb unserer Kontrolle liegt. Weil Tante Anna mit 85 Jahren nicht mehr wusste, wer sie war, vermuten wir, dass das Schicksal diese Erfahrung mit großer Wahrscheinlichkeit auch für uns bereithält. Aber war Tante Anna nicht fettleibig? Hat sie sich genügend bewegt? Wie hat sie sich ernährt? Hat sie Neues gelernt, als sie älter wurde, oder hörte sie auf zu lernen? Eine ganze Reihe langfristiger Studien, insbesondere die von der MacArthur Foundation durchgeführten Untersuchungen, bestätigen, dass anhaltende Gesundheit bis ins hohe Alter nur zu fünfzehn bis dreißig Prozent von unseren Genen bestimmt wird. Der Rest beruht hauptsächlich auf den Entscheidungen und dem Verhalten, die sich aus unserem Lebensstil ergeben, aus unserer Persönlichkeitsstruktur, der Umwelt und den Ereignissen in unserem Leben.

Denken Sie einmal einen Moment lang über die Konsequenzen dieser Aussage nach. Sie sind Ihrer DNS nicht hilflos ausgeliefert. Es steht in unser aller Macht, mindestens siebzig Prozent unseres Altersprozesses zu kontrollieren, und zwar durch Entscheidungen, die wir im Lauf unseres Lebens hinsichtlich Ernährung, Bewegung, geistiger Gesundheit, Lernen und Beziehungen treffen. Wir brauchen nicht nur tatenlos hoffend zuzusehen, wie unser Körper und unser Gehirn altern, und dabei das, was herauskommt, als „so ist es nun einmal" zu akzeptieren. Wir können in Eigeninitiative bewusste Entscheidungen treffen, um unseren Körper und unser Gehirn dabei zu unterstützen, bis ins siebte, achte, neunte Lebensjahrzehnt hinein gesund zu bleiben. Das bedeutet zwar eine beträchtliche Verantwortung, aber auch eine wundervolle Hoffnung für die Zukunft.

Mythen über das reife Alter

In Wahrheit muss hohes Alter keinesfalls mit einem Verlust von Gehirnfunktionen einhergehen. Neuere Studien zeigen zwar tatsächlich, dass Menschen mit einem bestimmten Gen mit größerer Wahrscheinlichkeit an Alzheimer erkranken oder ihr Gedächtnis verlieren, aber dennoch: Dieselbe Studie weist auch darauf hin, dass Diabetes und Herzkrankheiten mit demselben Risiko behaftet sind, und wie wir bereits gesagt haben, handelt es sich dabei um Krankheiten des Lebenswandels. Nach Jahrzehnten der Forschung ist deutlich geworden, dass körperliches Wohlergehen, Lebensstil, Gewicht, Ernährung und Bewegung weit wichtigere Faktoren für die Gesundheit des Gehirns sind als Gene oder Alter. Unser Alter können wir uns nicht aussuchen, gesund zu leben aber schon. Die Entscheidung für einen Lebensstil, die wir heute treffen, spielt eine große Rolle, wenn festgelegt wird, wie scharf unser Geist und unser Gedächtnis morgen sein werden.

Hier sind einige weitere verbreitete Mythen im Zusammenhang mit dem Gehirn und Alter:

Mythos:

Gravierender Abbau des Gehirns ist unvermeidlich. Ja, mit fortschreitendem Alter kommt es zu Veränderungen in der Struktur und den chemischen Eigenschaften des Gehirns. Sie müssen jedoch nicht zwangsläufig zu einem steilen Abfallen der geistigen Fähigkeiten führen. In *Newsweek* sagt der Mediziner Dr. Gene Cohen, Gründungsdirektor des Center on Aging, Health, and Humanities („Zentrum des Alterns, der Gesundheit und der Geisteswissenschaften") am Medical Center der George Washington University, er habe in seiner Arbeit beim Entwickeln von Spielen zur Verbesserung der geistigen Funktionen alternder Männer und Frauen Folgendes herausgefunden: Die linke und rechte Hälfte des Gehirns (die linke ist für lineares, logisches Denken zuständig, die rechte für Kreativität und Intuition) sind mit fortschreitendem Alter immer besser integriert, was zu einem größeren kreativen Potential führt. Cohen gibt an, es werde deutlich, dass das Gehirn bei angemessenem Lebensstil und entsprechenden Herausforderungen mit fortschreitendem Alter in vielerlei Hinsicht stärker werden könne.

Mythos:

Ich werde dümmer, weil meine Gehirnzellen absterben. Stimmt, Gehirnzellen sterben, wenn wir altern. Unser ganzes Leben lang sterben Gehirnzellen und neue Zellen werden geboren. Viele Jahre lang ging man jedoch davon aus, dass die Gehirnzellen (vorausgesetzt, man trinkt während der College-Zeit nicht exzessiv und verursacht dadurch ein verfrühtes Zellsterben) im Rentenalter schneller „den Löffel abgeben". Es stellt sich jedoch heraus, dass auch diese Annahme nicht zutrifft. Offenbar verlieren wir unser ganzes Leben lang beständig Gehirnzellen, bedingt durch Ursachen, die von Stress und Ernährungsdefiziten bis hin zu Umweltgiften reichen. Einige Neurowissenschaftler sind inzwischen auch der Ansicht, dass Gehirnzellentod Teil des Lernprozesses des Gehirns sein könnte. Der Tod einiger Zellen bahnt neuen Verbindungen den Weg, die sich entwickeln, wenn wir lernen; er ist Teil der Formung des Gehirns, die stattfindet, wenn das Gehirn aktiv bleibt und beständig lernt.

Mythos:

Das erwachsene Gehirn vermag keine neuen Verbindungen zu bilden. Viele Jahre lang waren Hirnforscher sicher, dass das Gehirn keine neuen Zellen bilden könne, um verlorene zu ersetzen. Doch Mitte der neunziger Jahre entdeckten sie zunehmend Anhaltspunkte dafür, dass das Gehirn neue Nervenzellen in einigen Regionen des Gehirns bildet, die mit dem Gedächtnis zusammenhängen, ein Prozess, der als Neurogenese bezeichnet wird. Dieses Phänomen spricht insbesondere auf regelmäßige körperliche Ertüchtigung an. Dies bedeutet, dass Training nicht nur Ihrem Herzen, Ihren Knochen und Muskeln guttut, sondern auch Ihrem Geist. Studien, die auf der Arbeit des Neurologen Scott Small von der Columbia Universität und des Neurobiologen Fred Gage vom Salk Institute basieren, legen nahe, dass regelmäßige Bewegung dem Gehirn mehr sauerstoffreiches Blut zuführt, ebenso wie einen chemischen Bestandteil namens *Brain-derived Neurotrophic Factor* – „aus dem Gehirn abgeleiteter neurotropher Faktor" – bzw. BDNF. Diese und andere Faktoren verbessern allem Anschein nach das Gedächtnis, das Lernen und andere Gehirnfunktionen.

Vielleicht die aufregendste Entdeckung ist die Tatsache, dass für die Lebenskraft des Gehirns, ebenso wie für die des Körpers, das Prinzip „use it or lose it – nutze es oder verliere es“ gilt. Eine neue Studie an der medizinischen Fakultät der Universität von Pittsburg zeigt: Je stimulierender und intellektuell herausfordernder wir unser Leben gestalten, desto besser stehen unsere Chancen, unser alterndes Gehirn vital, scharfsinnig und rege zu erhalten. Wie die Muskeln, so verkümmert anscheinend auch unser Gehirn bei mangelnder Benutzung und ist nicht mehr in der Lage, neue Nervenverbindungen zu bilden und sterbende Gehirnzellen zu ersetzen.

Ältere Menschen, die den traditionellen Weg des Rentnerdaseins einschlagen, im Schaukelstuhl auf der Veranda oder vor dem Fernseher sitzen und wenig oder gar nichts tun, beschwören Demenz und den Rückgang der Gehirnfunktionen herauf. Dementsprechend hält eine bereichernde Umgebung, wie die Gehirnforscherin Marion C. Diamond es nennt – eine Umgebung voller Spiele, Entdeckungen, Lernen und Herausforderungen –, das Gehirn aktiv, so dass es beständig Verbindungswege produziert. Diese Eigenschaft, bekannt als Neuroplastizität, weist darauf hin, dass sich unser Gehirn in der richtigen Umgebung zu entwickeln und zu verändern vermag – unser ganzes Leben lang.

So viel zu der Vorstellung, „was Hänschen nicht lernt, lernt Hans nimmermehr“. Er kann es nicht nur, sondern er soll es sogar. Das eigene Leben so zu gestalten, dass man täglich etwas Neues hinzulernt oder die Welt auf neue Weise sieht, erhöht nicht nur die Gesundheit des Gehirns und die geistige Aktivität, sondern verleiht dem Leben auch größere Freude und Zufriedenheit. Was gut für unser Gehirn ist, ist auch gut für unsere Seele.

Jahre des Friedens, des Gebens und der Beziehungen

Betrachten wir führende neurologische Forschungen und unsere eigene persönliche und berufliche Erfahrung als Beobachter des Gehirns und des Alterns, dann erkennen wir, wie sich ein Muster herauskristallisiert. Wenn wir älter werden und unser Gehirn als Folge eines verdichteten neuronalen Wachstums und Zelltodes langsamer wird, entschädigen uns andere Faktoren dafür. Die meisten älteren Menschen können Veränderungen der Gehirnfunktion ausgleichen. Eine Verringerung der Arbeitsanforderungen bedeutet mehr Gelegenheiten, sich auf Beziehungen zu konzentrieren und darauf, es anderen zu vergelten, und das wiederum ermöglicht eine stärkere Ausrichtung auf das Glücklichsein. Alter bringt Weisheit, mehr Besonnenheit und weniger Angst mit sich, weil wir allmählich besser verstehen, wie das Leben funktioniert und was wirklich wichtig ist: andere Menschen, die Natur, Schönheit, Frieden, Kreativität und Freude. Altwerden mag zwar bisweilen schwierig sein, aber es ist auch lohnend.

Stellen Sie sich nun vor, wir würden heute beginnen, unser Gehirn zu trainieren und zu schulen und uns selbst vor die Herausforderung stellen, Neues zu lernen (zum Beispiel Sprachen, Musikinstrumente oder etwas Handwerkliches). Stellen Sie sich vor, wir würden die Weisheit und spirituelle Reife des späteren Lebens mit einem beweglichen, scharfsinnigen Geist verschmelzen, den Jahre oder Jahrzehnte gesunder Gehirnschulung hervorgebracht haben! Wir können das überlegene Urteilsvermögen des Alters mit der geistigen Schärfe der Jugend verbinden. Das wäre ein ganz schönes Paket, eines, das unsere Vorstellung darüber verändern würde, was es heißt zu altern. Genau das bietet die BEST-Methode: einen Weg zu körperlicher Vitalität, emotionalem Frieden und persönlichem Sinn.

Das Vermögen von BEST, die beste Leistung des Gehirns zutage zu fördern, bietet einen weiteren Vorteil, der alternden Individuen wichtig ist: Es kann die Notwendigkeit für kostspielige medizinische Versorgung reduzieren. Wie Sie noch entdecken werden, bezieht BEST Körper und Geist ein, und zwar in einem Programm der körperlichen Bewegung, der Meditation, der geistigen Herausforderung und der emotionalen Bereinigung.

Wenn Sie sich von diesem Programm leiten lassen, werden Ihr Gehirn und Ihr Geist sich insgesamt einer besseren Gesundheit, größerer geistiger Schärfe und verringerter Stressanfälligkeit erfreuen. BEST kann Sie dabei unterstützen, die für das höhere Alter so typischen gesundheitlichen Probleme hinauszuschieben oder sie ganz abzuwenden; es kann Sie von Krankenhäusern fernhalten und Ihre Ausgaben für medizinische Versorgung reduzieren, in einer Zeit, da die Kosten steigen und die Gesundheitsfürsorge für Ältere gefährdet ist.

Die fünf Stufen der Gehirnschulung gemäß BEST – „Brain Education System Training"

BEST hat eine andere Sicht des Gehirns als die Mainstream-Neurowissenschaft. Obgleich wir anerkennen, dass Neurowissenschaft und Neurobiologie im Verständnis der physischen Funktionen dieses erstaunlichen Organs in bemerkenswerter Weise vorangekommen sind, so ist doch der Wissenschaft wenig darüber bekannt, wie das Gehirn bewusste Erfahrung hervorbringt. Obwohl also viele Wissenschaftler die reduzierende Ansicht übernehmen, der Geist sei nicht mehr als elektrische und chemische Prozesse des Gehirns, haben wir eine ganzheitliche Sicht, die in Grenzwissenschaften eingebunden ist, aber auch auf der persönlichen Erfahrung der Praktizierenden beruht.

Für uns ist das Gehirn ein bemerkenswertes Organ, das dem Geist eine Gestalt und Anwendungsmöglichkeiten verleiht. Die Quelle des Geistes liegt wiederum in der Einheit der Existenz, von der Mystiker und Weise seit Jahrhunderten gesprochen haben.

Der Wert dieser Sicht besteht darin, dass sie Ihnen bewusste Kontrolle über die Entwicklung Ihres Gehirns gibt. Statt ein machtloser Automat zu sein, der durch das Feuern Ihrer Neuronen kontrolliert wird, können Sie selbst gestalten, wie sich Ihr Gehirn entwickelt. BEST rät Ihnen, die Art und Weise zu ändern, wie Sie über Ihr Gehirn denken. Statt zu sagen, „ich bin mein Gehirn", sagen Sie, „ich bin Herr über mein Gehirn". Dieser Gedanke verwandelt Ihr Gehirn sofort in ein fein eingestelltes und komplexes Instrument unter Ihrer Kontrolle. Es wird Sie wecken und Ihnen neue Fähigkeiten verleihen, und Ihr erwachtes Selbst wird nach und nach in der Lage sein, auf die Situationen, die sich in Ihrem Leben ergeben, bewusst zu antworten, statt instinktiv darauf zu reagieren. Sie können bewusst leben und verstehen, wie die Aktivität Ihres Gehirns das Wesen jeder Ihrer Interaktionen mit Menschen, Objekten und Erfahrungen bestimmt.

Wenn wir schon einmal dabei sind, lassen Sie uns auch gleich den Unterschied zwischen dem Gehirn und dem Geist definieren. Das Gehirn ist das physische Organ, in dem ein Großteil der Aktivitäten des Geistes stattfindet. Der Geist ist nicht nur das Gehirn; vielmehr existiert er in jeder Zelle des Körpers. Er ist eine Sammlung bewusster und unbewusster Prozesse, die unser mentales und körperliches Verhalten lenken. Der Geist nimmt wahr, denkt, schlussfolgert, fühlt, will, hat Vorstellungen und Wünsche. Das Gehirn ist ein Organ voller Energie, das elektrische Impulse über sein komplexes neuronales Netz hinweg einsetzt, damit Zellen kommunizieren und Informationen austauschen. In der Gehirnschulung gemäß BEST werden Sie

Übungen und Praktiken erlernen, die darauf abzielen, den Fluss Ihrer Gehirnenergie zu verbessern und die Funktionsweise Ihres Gehirns im wahrsten Sinne des Wortes zu transformieren. Das mag außergewöhnlich klingen, aber nur deswegen, weil Sie es nicht gewohnt sind, an Ihr Gehirn wie an einen Bizeps oder einen Bauchmuskel zu denken. Genau wie diese Körperteile kann auch Ihr Gehirn durch konsequente Stimulation umgeformt werden. Wenn Sie eine Vorstellung von Ihrem Gehirn als etwas nicht zu Beeinflussendes haben, weil Sie es nicht sehen oder berühren können, ist es an der Zeit, auf neue und aufregende Weise zu denken.

Die Gehirnschulung gemäß BEST umfasst fünf Stufen, von denen jede auf der Wirkung der vorhergehenden Stufe aufbaut, um auf Körper und Geist einzuwirken.

1. **Gehirnsensibilisierung.** Wie wir bereits diskutiert haben, sind Körpertraining und Gehirnvitalität eng miteinander verbunden. Sie werden das Verbindungsglied zwischen Bewegung und Gehirnentwicklung entdecken, indem Sie sich auf Muskelbewegung, gesunde Gelenke, verdauungsfördernde Bauchübungen und Übungen zum Wecken der fünf Sinne konzentrieren. Diese einleitende Stufe fördert eine größere Bewusstheit in Bezug auf das Gehirn und weckt Körper und Gehirn.

2. **Gehirnflexibilisierung.** Ihr Gehirn hat die Fähigkeit, das ganze Leben lang neue Aufgaben zu bewältigen. Diese Stufe kurbelt diese Fähigkeit an, um Sie dabei zu unterstützen, die Flexibilität Ihres Gehirns zu verbessern und es von eingefleischten Denkgewohnheiten zu befreien. Durch anspruchsvolle Aufgaben und Übungen trainieren Sie Ihr Gehirn erneut darin, effektiver zu arbeiten.

3. **Gehirnauffrischung.** Die negativen Gedankenmuster, die Sie vielleicht im Lauf des Lebens geformt haben, bilden Rückstände, die Ihr Potential blockieren und tiefe emotionale Heilung verhindern. Hier werden Sie damit beginnen, alte Traumata und unproduktive Emotionen loszulassen, um eine positivere Perspektive zu entwickeln und Ihre emotionale Intelligenz zu steigern.

4. **Gehirnintegration.** Auf dieser Ebene hat Sie der körperliche und emotionale Großputz, den Sie bereits hinter sich haben, auf die echte Arbeit von BEST vorbereitet: alle Regionen Ihres Gehirns zu integrieren, um eine neue Identität zu bilden, nicht vom Ego begrenzt, eine Identität, die an der wahren Einheit aller Dinge teilhat. Mit dieser tiefen Arbeit werden Sie allmählich den Sinn Ihres Lebens entdecken und die Kreativität freisetzen, die Ihnen latent immer schon innewohnte.

5. **Gehirnsouveränität.** Zuletzt werden Sie fortfahren, Ihr Gehirn zu transformieren und neue Nervenverbindungen zu bilden und zu festigen. Dies führt Sie zu einem Zustand der Selbstverwirklichung, in dem Sie an dem Frieden teilhaben, den Sie sich selbst gewährt haben, und an dem Bewusstsein, das Sie von sich selbst als Besitzer Ihres Gehirns haben. Während Sie weiterhin lebenslange BEST-Gewohnheiten entwickeln, werden Sie klarer in Ihren Entscheidungen und gestalten Ihre Beziehungen dauerhafter und erfüllender.

Basierend auf einer Verschmelzung von yogaähnlichen Übungen, Meditation (als Hilfsmittel für geistiges und emotionales Wachstum, nicht als religiöse Praxis), von anspruchsvoller körperlicher Bewegung und stimulierenden intellektuellen Aufgaben ist BEST eine wegweisende Disziplin, perfekt geeignet für Menschen mit dem Wunsch, in ihren reifen Jahren nicht nur gesünder, sondern auch mit mehr Freude und Liebe zu leben und sich ihrer selbst bewusster zu sein. Mit den zusätzlichen neuesten Erkenntnissen der heutigen gerontologischen und neurologischen Wissenschaft kann dieser Ansatz für viele noch kommende Jahrzehnte zu einem regelrechten Jungbrunnen werden.

Ihre BEST-en Momente

Bevor wir zu den Stufen von BEST übergehen, noch ein paar „weise Worte" darüber, wie Sie Ihre jetzt vorherrschende Denkweise ändern. Eine der Segnungen des alternden Gehirns ist die Tatsache, dass Sie über ein tiefes Reservoir an vorhandenem Wissen verfügen, das Ihnen hilft, sich sofort einen Überblick über eine Situation zu verschaffen.

Das bedeutet, Sie haben die nötige Einsicht, um einen besonderen Moment augenblicklich zu genießen, eine Art von Einsicht, die einem jüngeren Menschen häufig fehlt. Während junge Menschen normalerweise in die Zukunft und auf die nächste Hürde mit geringem Bezug zur Gegenwart blicken, erlaubt Ihnen Ihre durch die Zeit erprobte Perspektive, eine Pause einzulegen und wirklich im gegenwärtigen Augenblick zu sein, dem alle wahren Freuden des Lebens entspringen. Dieses Charakteristikum ist jedoch nicht nur auf Personen jenseits der Pensionsgrenze beschränkt. Ganz gleich, wie alt Sie sind: Sie können Ihren Geist trainieren, in *diesem* Moment wahrzunehmen und zu leben. Teilweise ist es das, worauf es bei BEST ankommt: alles Lernen, alle Freude und allen Frieden, den jeder Moment zu bieten hat, herauszuziehen und dann zum nächsten Moment weiterzugehen.

Den eigenen Geist zu trainieren, auf diese Weise das Leben anzugehen, wird ihre reifen Jahre in ein wunderbares Abenteuer verwandeln. Statt einen Prozess des Verfalls zu durchlaufen, werden Sie sich einer Lebhaftigkeit erfreuen, die nur wenige Menschen jeglichen Alters jemals wirklich erfahren, denn Sie haben das Beste aus dem unbegrenzten Potential Ihres Gehirns gemacht.

Der Jangsaeng-Lebensstil

Das Wort *jangsaeng* ist koreanisch und kann grob als „Langlebigkeit" übersetzt werden. Der englische Begriff hat jedoch nicht ganz dieselbe Konnotation.[2] Für uns bedeutet Langlebigkeit hauptsächlich ein langes Leben in dem Sinne, dass Zeit vergeht. Der koreanische Begriff suggeriert jedoch nicht nur, viele Jahre zu leben, sondern auch, sie wirklich vital zu leben. Jangsaeng-Menschen tragen eine jugendliche Vitalität in ihre älteren Jahre hinein, die ihren Altersgenossen sonst fehlt. Für Jangsaeng müssen Sie sehr viel mehr haben als ein langes Leben. Der Gang von Jangsaeng-Menschen ist federnd, und sie haben ein Funkeln in den Augen, das selbst für die Jüngsten um sie herum inspirierend ist.

Im Westen haben wir viel getan, um eine lange Lebensdauer zu fördern. Mit voranschreitender westlicher Medizin leben die Menschen heutzutage immer länger. Eine verlängerte Lebensspanne sollte jedoch nicht das einzige Ziel sein. Es ist wichtiger, dass wir ein erfüllteres, glücklicheres Leben führen und nicht nur ein längeres. Dieses Buch wurde geschrieben, um Jangsaeng bekannt zu machen, einen Lebensstil, der eine positive, gesunde Lebensweise durch Bewusstheit und Nutzung des Gehirns fördert.

Im Anhang finden Sie eine Beschreibung des Jangsaeng-Gehens (S. 187), eine Art des Gehens, die den Körper und das Gehirn ener-

2 Das gilt auch für das deutsche Wort. (Anm. d. Ü.)

giegeladen und jugendlich erhält. Dies ist ein Beispiel dafür, dass das, was wir täglich tun, wie zum Beispiel gehen, unsere Lebensqualität sehr stark beeinflusst. Alle Informationen in diesem Buch sind dafür bestimmt, den Jangsaeng-Lebensstil zu fördern, indem Menschen geholfen wird, in ihren späteren Lebensjahren das Beste aus ihrem Gehirn zu machen. Nutzen Sie sie bitte dafür, ein Jangsaeng-Gehirn und ein Jangsaeng-Leben zu kreieren.

Fünf gesunde Gewohnheiten für ein alterndes Gehirn

1. Bewegen Sie sich regelmäßig.
Anregende Übungen für Herz und Kreislauf bringen sauerstoffreiches Blut ins Gehirn. Sie sollten mindestens dreimal pro Woche dreißig Minuten Konditionstraining machen. Praktizieren Sie auch mindestens zweimal wöchentlich Krafttraining, denn Muskelaufbau produziert ebenfalls mehr Energie für das Gehirn.

2. Reduzieren Sie Stress.
Stress ist eine der Hauptursachen für Krankheiten, aufgrund des Hormons Cortisol. Zu viel Stress kann den Hippocampus abnutzen, der eine Rolle bei der Gedächtnisfunktion spielt. Bewegung und Meditation können helfen.

3. Schlafen Sie genug.
Schlafentzug ist der Spitzenreiter unter den Ursachen für verschwommenes, zusammenhangloses geistiges Arbeiten. Studien zeigen, dass Menschen, die nachts mindestens acht Stunden schlafen, einen Teil des altersbedingten Gehirnverfalls abwenden können.

4. Essen Sie fettarm und gesund.
Blutzuckeranstieg und Fettablagerungen in den Gefäßen, die mit Überernährung einhergehen, können das Gehirn schädigen. Eine kalorienarme Ernährung fördert die Durchblutung und kontrolliert auch das Gewicht, was den Blutdruck senkt.

5. Trainieren Sie Ihr Gehirn.
Versuchen Sie, jede Woche etwas Neues zu tun oder zu lernen, ob Sie nun einen Brief mit der Hand schreiben, die Sie normalerweise nicht benutzen, oder ob Sie sich Kenntnisse über eine neue Sprache aneignen. Das Gehirn vor neue Aufgaben und Aktivitäten zu stellen schafft neue Verbindungen, macht es wandlungsfähiger und verbessert seine Fähigkeit, mehrere Aufgaben gleichzeitig zu bearbeiten.

Quiz für ein junges Gehirn

Es gibt keine richtigen oder falschen Antworten auf dieses kurze Quiz, denn was auch immer Sie heute tun, es gibt nichts, was Sie nicht morgen verbessern könnten. Dennoch ist es wichtig zu wissen, wo Sie beim Erhalten und sogar Steigern der Vitalität Ihres Gehirns heute stehen. Vervollständigen Sie jeden Abschnitt und sehen Sie am Ende nach, welche Punktzahl Sie haben.

Ihr Körper und Ihr Gehirn

1. Körperlich anstrengendes Training habe ich (mindestens 30 Minuten)…
   a) 5 – 6 Mal pro Woche.
   b) 3 – 4 Mal pro Woche.
   c) 1 – 2 Mal pro Woche.
   d) Ich liebe mein Sofa.

2. Ich mache Dehnübungen für Glieder und Gelenke…
   a) 5 – 6 Mal pro Woche.
   b) 3 – 4 Mal pro Woche.
   c) 1 – 2 Mal pro Woche.
   d) Das Einzige, was ich dehne, ist die Wahrheit.

3. Meine typische Ernährung sieht folgendermaßen aus:
   a) 7 – 10 Portionen Obst und Gemüse täglich, viel Vollkorn und fettarme Kost, nicht viel Alkohol oder rotes Fleisch.
   b) 4 – 6 Portionen Obst und Gemüse täglich, etwas Vollkornkost, gemäßigt fettreduziertes Essen, etwas rotes Fleisch.
   c) Weißmehl, häufig rotes Fleisch, wenig Obst und Gemüse.
   d) Ich erkenne vier Nahrungsgruppen an: Fast Food, Gefrierkost, Junk Food und verdorben.

4. Ich schlafe…
   a) Mindestens 8 Stunden etwa jede Nacht.
   b) 6 – 7 Stunden die meisten Nächte.
   c) In manchen Nächten gut, in manchen schlecht.
   d) Ich bin ein Spezialist für Dauerwerbesendungen, die um drei Uhr morgens laufen.

Unser Gehirn arbeiten lassen

1. Ich lese…
   a) dauernd, normalerweise anspruchsvolle Lektüre.
   b) 2 – 3 Mal pro Woche; manchmal Bücher, manchmal Magazine.
   c) Hin und wieder, wenn ich Urlaub habe.
   d) Nie, ich bin zu sehr mit Fernsehen beschäftigt.

2. Ich versuche, neue Fertigkeiten oder Hobbys zu lernen, zum Beispiel ein Musikinstrument oder eine Sprache…
   a) immer, wenn ich etwas freie Zeit habe.
   b) wenn ich mich langweile.
   c) Selten.
   d) Wahrscheinlich bin ich zu bequem, denn ich habe so etwas seit Jahren nicht versucht.

3. Ich beschäftige mich mit Puzzles, Sudoku oder anderen Aktivitäten, die das Gehirn fordern…
   a) täglich.
   b) ein paar Mal pro Woche.
   c) Gelegentlich.
   d) Mein Gehirn ist genug gefordert, wenn ich versuche, einen Film auf meinem DVD-Player abzuspielen.

4. Wenn ich mich unterhalte, mag ich…
   a) tiefe, intensive Gespräche über komplexe Themen mit Menschen, die meine Sichtweise mit neuen Informationen herausfordern.
   b) ein paar Diskussionen, aber normalerweise nichts Schwieriges.
   c) Menschen, die mit mir übereinstimmen.
   d) Ich mag Gespräche nicht besonders.

Ihr Gehirn ins Gleichgewicht bringen

1. Was meine Interessen und Leidenschaften angeht, so…
   a) gehe ich dem, was ich liebe, als meiner Hauptberufung nach.
   b) halte ich das Verdienen des Lebensunterhalts und das, was mir Freude macht, im Gleichgewicht.
   c) wünschte ich, ich hätte mehr Zeit für die Dinge, die mir am Herzen liegen.
   d) habe ich keine Ahnung, was meine Leidenschaften sind.

2. In stresserfüllten Phasen…
   a) behalte ich einen kühlen Kopf, meditiere ich, bleibe ich gesund und/oder gebe anderen Liebe.
   b) kann ich zwar etwas unter Druck geraten, bin aber recht gut im Atmen und darin, ihn von mir abfallen zu lassen.
   c) kann ich Stress verinnerlichen und manchmal lasse ich zu, dass eine stresserfüllte Situation meinen Tag ruiniert.
   d) verliere ich leicht die Geduld, meine Freunde haben mir den Spitznamen „Bombe“ gegeben.

3. Meine Sicht des Lebens ist tendenziell die, dass…
   a) alles aus einem Grund heraus geschieht und dass wir alle in Ordnung sind.
   b) die meisten Menschen im Allgemeinen gut sind und die Welt wahrscheinlich in Ordnung sein wird.
   c) wir eine Menge Probleme haben und ich nicht weiß, ob die Menschheit damit klarkommen wird.
   d) ich mich zu Tode fürchte, was in näherer Zukunft geschehen wird.

4. Wenn ich einen vollen Kalender mit zu erledigenden Dingen habe,…
   a) freue ich mich; ich habe gerne viel zu tun, solange ich auch eine Auszeit nehmen kann.
   b) fühle ich mit gut, obwohl es mich auch ein bisschen überfordert.
   c) wünsche ich mir, aktiver zu sein.
   d) Ich verbringe sehr viel Zeit allein zu Hause.

Das Leben und Ihr Gehirn

1. Ich habe die Kontrolle über…
   a) meine Lebensbedingungen.
   b) meine Einstellung gegenüber dem Leben.
   c) sehr wenig; alles geschieht anscheinend ziemlich zufällig.
   d) nichts.

2. Beschreiben Sie Ihre Gefühle gegenüber Ihrem derzeitigen Berufsleben oder Ihrer ehrenamtlichen Arbeit!
   a) Ich bin glücklich, diese Tätigkeit auszuüben.
   b) Ich mag meine Arbeit, hüpfe aber nicht jeden Morgen voller Vorfreude aus dem Bett.
   c) Ich täte gerne etwas anderes, aber was?
   d) Ich bin pensioniert und die Frage geht mich nichts an.

3. Beschreiben Sie die Ziele, die Sie sich selbst gesetzt haben!
   a) Ich setze mir ehrgeizige Ziele und treibe mich gerne selbst an.
   b) Ich setze mir realistische Ziele, bei denen ich mir mehr oder weniger sicher bin, dass ich sie erreichen kann.
   c) Ich bin nicht wild darauf, mir Ziele zu setzen; ich habe kein Durchhaltevermögen.
   d) Ich lasse mich treiben.

4. Wenn es um mein Alter geht, dann…
   a) habe ich vor, ein aufregendes, gesundes Leben zu führen, voller Liebe, Weisheit und Entdeckungen.
   b) habe ich vor, aktiv zu bleiben, zu reisen und mich anderen erkenntlich zu zeigen.
   c) bin ich nicht sicher, was ich erwarten soll, und habe ein bisschen Angst.
   d) Ich habe schreckliche Angst vor Krankheiten und Demenz.

Auswertung

Wie haben Sie abgeschnitten? Denken Sie daran, es gibt keine richtigen Antworten, sondern nur einen Querschnitt dessen, wo Sie sich jetzt befinden. Die Tatsache, dass Sie dieses Buch lesen, bedeutet, dass Sie dazu bereit sind, von dort, wo Sie sich jetzt befinden, zu einer neuen Ebene der Bewusstheit in Bezug auf das Gehirn und zunehmender Weisheit vorzudringen.

Nun zu Ihrer Punktzahl: Geben Sie sich für jede „a"-Antwort vier Punkte; für jede „b"-Antwort drei; zwei für jede „c"-Antwort und einen für jede „d"-Antwort.

55 – 64 Punkte: Sie sind sehr gesund und beschäftigen sich wahrscheinlich auf die eine oder andere Weise bereits mit vielen Praktiken dieses Buches. Mit ein bisschen Feinschliff ist Ihre Zukunft grenzenlos.

40 – 54 Punkte: Sie gehören zur Mehrheit derjenigen, die dieses Buch lesen. In Ihrem Denken und Ihrem Lebensstil gibt es zwar einige Grenzen, doch Sie verfügen auch über großes Potential. Es wird nicht lange dauern, bis Sie den Sprung in Ihr erfüllendes Leben geschafft haben.

26 – 39 Punkte: Ihre Art, zu fühlen, die Dinge zu sehen, zu denken oder zu handeln, ist nicht die Beste, und Sie wissen es. Wahrschein-

lich ärgern Sie sich über sich selbst, aber versuchen Sie dennoch, nachsichtig mit sich selbst zu sein. Niemand ist vollkommen und Sie können viel tun, um Ihre Gesundheit, Ihre Aussichten und Ihren Geist zu verbessern.

16 – 25 Punkte: Sie haben zugelassen, dass Sie alles, worauf es ankommt, vernachlässigen, angefangen bei Ihrer Gesundheit über Ihren Job bis hin zu Ihrer Zukunft. Daran müssen Sie schnell etwas ändern. Glücklicherweise lesen Sie dieses Buch.

Der Senior-Fitnesstest

Das vorhergehende Quiz für ein junges Gehirn ist kein auf wissenschaftliche Zwecke ausgerichteter Test, sondern einfach ein vergnüglicher Selbsttest, der Sie dabei unterstützt, Ihre Gewohnheiten und Einstellungen klarer zu erkennen. Wenn Sie einen wissenschaftlich anerkannten Test ausprobieren wollen, machen Sie den Senior-Fitness-Test auf S. 221 im Anhang. Er ist ganz einfach und ermöglicht es Ihnen, genau zu sehen, wie Sie im Vergleich zu anderen Personen Ihres Alters einzuschätzen sind. Er wurde entwickelt, indem über siebentausend ältere Erwachsene auf Stärke, Gleichgewichtssinn und Flexibilität hin getestet wurden. Er entstand auf der Grundlage der Arbeit von Dr. Jessie Jones und Ihrer Kollegen und ist weltweit eine weithin anerkannte und häufig angewandte Methode, um Fitness im Alter zu bestimmen. Machen Sie den Test einmal, bevor Sie mit dem BEST-Training beginnen, und testen Sie sich nach Ablauf von drei bis sechs Monaten erneut.

Kapitel 1

Ihr sensibilisiertes Gehirn

„Es genügt nicht, einen guten Verstand zu haben, sondern es kommt darauf an, ihn gut anzuwenden."

René Descartes

Am 26. März 2007 brachte *Newsweek* einen faszinierenden Artikel über die Verbindung zwischen Bewegung und Leistungsfähigkeit des Gehirns. Darin wurde erklärt, dass Menschen, die sich regelmäßig bewegen, laut Charles Hillmann, Professor für Neurologie und Kinesiologie an der Universität von Illinois, nicht nur einen leistungsfähigeren Körper, sondern auch ein leistungsfähigeres Gehirn haben.

Gehirnsensibilisierung, der erste Teil der Gehirnschulung gemäß BEST, knüpft an diese Vorstellung an. Sie setzt speziell konzipierte Übungen ein, die dazu beitragen, die Sinne zu wecken, ein ausgeprägteres Gefühl für den Energiefluss zu entwickeln und ein größeres Gewahrsein der Funktionsweise des Gehirns zu erreichen. Diese Aktivitäten sind grundlegend für Ihre Gesundheit und Ihr

Fortschreiten mit Hilfe der BEST-Methode, daher sollten Sie sie zu einem regulären Bestandteil Ihrer täglichen Routine machen.

Der Nutzen körperlicher Bewegung

Jahrzehntelang, während des größten Teils der Geschichte der modernen westlichen Medizin, ging man davon aus, das Erreichen des Erwachsenenalters sei das Ende einer möglichen Steigerung der Gehirnfunktion. Gehirnzellen, so dachte man, würden ab dem Alter von vierzig Jahren rasch abzusterben beginnen, und diese tödliche Abwärtsspirale würde sich fortsetzen; es gebe kaum etwas, was man dagegen unternehmen könne. Es stellte sich jedoch heraus, dass sich die herkömmliche Auffassung (wie so häufig) im Irrtum befand: Das Gehirn kann in der Tat neue Nervenverbindungen bilden – im Prozess der sogenannten Neurogenese –, was zu schnellerer Kommunikation und größerer Lern- und Gedächtnisfähigkeit führt. Das Gehirn vermag sich sehr wohl unser ganzes Leben lang zu verbessern und tut das auch. Es gibt viele mögliche Wege, verschiedene Aspekte der Gehirnleistung zu verbessern, aber körperliche Bewegung ist eine der besten Methoden, aus dieser wunderbaren Fähigkeit des Gehirns Vorteil zu ziehen.

Bis vor kurzem glaubten die meisten Wissenschaftler, die positive Wirkung körperlicher Aktivität sei weitgehend auf erhöhten Blutzufluss zum Gehirn zurückzuführen. Obwohl eine angekurbelte Blutzirkulation mit Sicherheit Vorteile hat, da dem Gehirn mehr sauerstoffreiches Blut zugeführt wird, ist das komplexe Bild interessanter. Offenbar geben die Muskeln bei jeder Bewegung während eines intensiven Trainings ein Hormon frei, welches das Wachstum neuer Nerven im Lern- und Gedächtniszentrum des Gehirns stimuliert. Wenn Sie also trainieren, befehlen Sie damit Ihrem Gehirn, mehr Zellen und Verbindungen zu produzieren. Bislang ist noch nichts darüber bekannt, ob neue Zellen im restlichen Gehirn als Folge von sportlicher Betätigung wachsen können, doch es besteht kaum ein Zweifel, dass das gesamte Gehirn von dem zusätzlichen Blut und Sauerstoff profitiert, von dem es überflutet wird, wenn wir uns auf dem Crosstrainer betätigen, Gewichte heben oder ein paar Züge im öffentlichen Bad schwimmen.

Oberhalb des Nackens fit sein

Obwohl sportliche Aktivität in vielfältiger Weise der mentalen Funktion zugutekommt, können wir unsere Frontallappen nicht direkt und in gleicher Weise trainieren, wie wir einen Trizeps-Muskel ausstrecken oder einen hinteren Oberschenkelmuskel dehnen. Darum geschieht es leicht, dass die Verbindung zwischen persönlicher Fitness und Gesundheit und Kraft des Gehirns übersehen wird. Die Wahrheit ist, wie wir in dem *Newsweek*-Bericht gesehen haben, dass der physische Körper und die Gesundheit des Gehirns eng miteinander verbunden sind, und dies gilt umso mehr, wenn wir altern.

Wie Ihnen wahrscheinlich bewusst ist, wird Bewegung von der medizinischen Wissenschaft weithin als ein Schlüsselfaktor akzeptiert, um im Prozess des Alterns Gesundheit und Wohlbefinden bewahren zu können. In der Tat könnte Bewegung sogar der wichtigste Faktor sein, um erfolgreich alt zu werden. Die meisten physischen Auswirkungen des Alters – der natürliche Verlust an Muskelmasse, die verringerte Beweglichkeit der Gelenke, die Verlangsamung des Stoffwechsels, die zu einer Gewichtszunahme führen kann – können durch regelmäßiges moderates Training vermieden oder sogar rückgängig gemacht werden. Bewegung trägt zur Vorbeugung von Herzkrankheiten bei, wirkt gegen Fettleibigkeit, die zu Diabetes führen kann; sie ist eine unserer besten Waffen gegen den Krebs, und sie verbessert, wie wir weiter oben gesehen haben, die Gehirnfunktion. Sportliche Betätigung ist die wirkungsvollste Gesundheitsvorsorge, die Sie Ihrem Körper zuteilwerden lassen können, und wenn Sie es nicht übertreiben und sich eine Muskelzerrung zuziehen, hat sie auch keine Nebenwirkungen.

Gehirnsensibilisierung setzt die Macht des Trainings wirksam zum Nutzen des Gehirns ein. Unser Ziel ist es, Sie zu lehren, die Verbindung zwischen Ihrem Körper und Ihrem Gehirn wiederherzustellen – Ihnen zu helfen, dass Ihnen bewusster wird, wie das Gehirn mit dem Rest Ihres Körpers interagiert und wie jede Bewegung eine andere Region Ihres Gehirns stimuliert. Wichtiger noch: Wir werden Sie dabei unterstützen, Ihre fünf Sinne – der direkteste Weg, auf dem das Gehirn mit der körperlichen Welt interagiert – zu wecken. Durch grundlegende Energiemeditationstechniken und Atemarbeit werden Sie auch lernen, größere Konzentration und Bewusstheit der Lebenskraft in Ihnen zu entwickeln, und Sie werden ein gesundes Gleichgewicht dieser Energie überall in Ihrem Körper wiederherstellen. Die Freude und Klarheit, die Sie bereits nach kurzer Dauer des Praktizierens der Gehirnsensibilisierung erfahren, ist es wert, die Zeit dafür aufzuwenden.

Ein Wort über das Ki

In den folgenden Kapiteln wird Ihnen der Begriff *Ki* begegnen. Für einen Geist, der von westlicher Wissenschaft geprägt ist, mag das Konzept des Ki (auch Chi oder Qi geschrieben) bzw. der Lebensenergie archaisch oder sogar abergläubisch anmuten. Ist Ki nicht nur ein asiatischer Mythos? Ist es nicht von der westlichen Wissenschaft widerlegt worden? Solche Fragen sind ganz normal, und es ist wichtig, dass Sie die Tatsachen über diese alte Vorstellung kennen, bevor wir fortfahren, denn sie ist Bestandteil der BEST-Methode. Wenn Sie skeptisch sind, ist das gut. Aufgeschlossener Skeptizismus ist ein Zeichen von Weisheit.

Das Konzept Ki schließt die Vorstellung ein, dass allen Lebewesen eine zirkulierende Lebensenergie innewohnt, die den Körper an Meridianen entlang durchströmt. Aus der Sicht aller der traditionellen Medizin in Asien sind Krankheit und Stress weitgehend die Folge eines Ungleichgewichts positiver und negativer Energien. Ki ist die Grundlage jeglicher traditionell asiatischer medizinischer Praxis. Trotzdem: Ist das Ki etwas Reales oder lediglich eine Metapher, die nur der chinesischen, japanischen und koreanischen Volksmedizin zu eigen ist? Einige Wissenschaftler sind schnell dabei, Ki zurückzuweisen, da es als Konzept in keines der akzeptierten Modelle über die Arbeitsweise des Körpers oder des Gehirns passt. Dennoch hat man mittlerweile mit der Durchführung streng kontrollierter Experimente begonnen, um zu demonstrieren, dass das Ki eine reale Kraft mit echten Auswirkungen ist. Ein unter strengen Bedingungen durchgeführter Versuch aus dem Jahr 2001, der im *American Journal of Chinese Medicine* veröffentlicht wurde, zeigt, dass Ki-Meister und Ki-Schüler Veränderungen in menschlichen Blutzellen erzeugen können. Andere Versuche haben ergeben, dass Ki-Energie gemessen werden kann. Es gibt zunehmend Indizien dafür, dass Ki eine ganz reale Kraft ist.

BEST betrachtet Ki als verbindendes Element zwischen Geist und Körper. Mit anderen Worten, Ki ist das, was dem Geist ermöglicht, den Körper zu beeinflussen. Die Gültigkeit der Geist-Körper-Verbindung wurde in den fünfziger Jahren bestätigt, als Biofeedback-Forscher entdeckten, dass Menschen leicht erlernen konnten, ihre Herzschlagfrequenz, ihre Körpertemperatur und andere physiologische Funktionen zu verändern.

Die Prinzipien und Praktiken von BEST sind nicht davon abhängig, ob man an sie glaubt, sondern beruhen darauf, dass man sie umsetzt und sich ihnen widmet. Viele Menschen haben diese Energie persönlich erfahren und von ihrer Wirkung profitiert. Wenn Sie in der BEST-Praxis Fortschritte machen, werden Sie vielleicht Praktiken und Methoden zum Einsatz bringen, die Sie in die Lage versetzen, die Kraft der Ki-Energie in Ihrem Körper zu spüren. Wir raten Ihnen, diesen Empfindungen zu vertrauen und sich keine Gedanken darüber zu machen, ob sie von der westlichen Wissenschaft anerkannt werden. Es gibt viele Wege, zu wissen, warum etwas gültig ist, dazu gehört die persönliche Erfahrung. Wir respektieren die Wissenschaft, aber wir würdigen auch den persönlichen Werdegang jedes menschlichen Wesens. Wenn Sie sich geistige Offenheit bewahren und dieses Werk mit Engagement und Selbst-Gewahrsein angehen, werden Sie Ergebnisse sehen.

Gut für den Körper, gut fürs Gehirn

Es gibt vier Arten des Trainings, die ältere Menschen betreiben sollten, um ihr Gehirn anzuregen und ihren Körper kraftvoll und aktiv zu erhalten. Folgendes sollten Sie in Ihren Tagesablauf einbauen, um für eine maximale Gehirngesundheit zu sorgen:

1. **Ausdauersport (Aerobic)**: Auch als Kardiotraining bezeichnet, bringt Ausdauertraining das Herz zum Pumpen, wodurch Sauerstoff

und Nährstoffe besser in alle Regionen des Körpers gelangen. Es ist also ideal, um eine Gewichtsabnahme zu erzielen und das Herz und andere Organe gesund zu erhalten. Ausdaueraktivitäten wirken einigen bekannten altersbedingten physiologischen Veränderungen entgegen, bewirken einen Rückgang des Inaktivitätssyndroms, bringen chronische Krankheiten unter Kontrolle und maximieren die Gehirnfunktion. Allgemeine Ausdauersportarten sind Walking, Wandern, Radfahren, Schwimmen, Training auf Laufband und Stepper sowie Tanzen.

2. **Widerstandstraining:** Auch als Krafttraining bezeichnet, ist diese Trainingsart so angelegt, dass sich die Muskeln des Körpers entgegengesetzt zu einer konträren Kraft oder einem Widerstand bewegen, sei es dadurch, dass Sie Ihr eigenes Gewicht mit Push-ups oder Sit-ups heben oder auf freie Gewichte, dehnbare Fitness-Bänder oder Gewichthebegeräte zurückgreifen. Mit der Zeit kann Widerstandstraining nicht nur einen Großteil des altersbedingten Muskelabbaus rückgängig machen, sondern verringert auch das Risiko von Diabetes, Bluthochdruck und Osteoporose. Es verbessert die Haltung, das Gleichgewicht und die Funktion der Organe insgesamt. Ein weiterer Nutzen des Widerstandstrainings wird häufig übersehen: Je mehr Muskeln Sie haben, desto schneller ist Ihr Stoffwechsel.

3. **Flexibilitätstraining:** Obwohl einige altersbedingte Veränderungen in der Beweglichkeit unvermeidlich sind, kann doch einem großen Teil des Verlusts durch tägliche Flexibilitätsübungen entgegengewirkt werden. Muskeldehnungsübungen tragen zur Verringerung von Muskelschmerzen und -verletzungen und zur Verbesserung der Muskelfunktionen, der Beweglichkeit (zum Beispiel beim Herunterbeugen, um etwas aufzuheben, beim Heben der

Arme über den Kopf oder wenn man sich den Rücken wäscht) und der Körperhaltung bei. Abgesehen von traditionelleren Flexibilitätsübungen, zählt zu den weiteren Methoden, den Bewegungsumfang Ihrer Gelenke zu erhöhen, auch die Teilnahme an herausfordernden Aktivitäten wie Tai Chi, Pilates, Yoga und Kampfsportarten.

4. **Gleichgewichts- und Beweglichkeitstraining:** Gleichgewichts- und Mobilitätstraining bilden die entscheidende Komponente eines Übungsprogramms, das oft nicht beachtet wird. Stürze sind die häufigste Verletzungsursache für Menschen über 65. Unser Gehirnschulungsprogramm trägt dazu bei, einige der sensorischen, kognitiven und motorischen Komponenten anzugehen, die mit dynamischem Gleichgewicht und Beweglichkeit verknüpft sind.

Im weiteren Verlauf des Buches werden Sie feststellen, dass BEST sich hauptsächlich auf Übungen konzentriert, die zu Punkt drei und vier gehören. Das liegt daran, dass diese Übungen spezifische Merkmale beinhalten, die das Gehirn fördern. Dennoch sollten Sie um regelmäßiges Ausdauer- und Krafttraining bemüht sein, denn es ist gut für den allgemeinen Gesundheitszustand von Körper und Gehirn. Jangsaeng-Gehen, auf S. 187 im Anhang ausführlich beschrieben, ist eine gute Übung für die allgemeine Kondition, die in den Prinzipien des Ki verankert ist.

Sportliche Betätigung kommt uns mit fortschreitendem Alter in vielerlei Hinsicht zugute. Es handelt sich dabei jedoch nicht nur um Vorteile für Muskeln, Gelenke, Knochen und die Linie. Regelmäßige körperliche Aktivität kann zur Verbesserung der Gehirnfunktion, der inneren Einstellung, des Selbstbilds, des Selbstwertgefühls und des Zutrauens beitragen. Haben Sie schon vom Rausch des „Runner's High" gehört? Nun, das ist kein Mythos. Wenn Sie trainieren, regen Sie die Freisetzung von Biochemikalien wie Endorphinen, Norepinephrinen, Dopaminen und Serotoninen an, was Gefühle von Freude und Frieden hervorruft. Durch gesundes Training fühlen Sie sich großartig.

Der wahre Nutzen kommt uns zugute, wenn wir älter werden. Wie sich gezeigt hat, trägt regelmäßige sportliche Betätigung zur Linderung von Depressionen bei Menschen über fünfzig bei, die unter Umständen zu negativen Gefühlen neigen, wenn sie mit Krankheiten, dem Auszug der Kinder aus dem familiären Haushalt („empty nest"), Ruhestand und dem Tod Nahestehender konfrontiert werden. In der Tat hat sich gezeigt, dass regelmäßiges Training eine stärkere antidepressive Wirkung hat als verordnete Medikamente. Regelmäßige Bewegung beugt auch Fettleibigkeit vor, ein weit verbreitetes Problem in den USA, mittlerweile auch in Deutschland, das zu einer Reihe anderer sehr gravierender Krankheiten führen kann, von Arthritis und Diabetes bis hin zu Herzkrankheiten und Schlaganfall. Im Grunde sind die vier Hauptursachen für den Tod in diesen westlichen Ländern – Herzleiden, Schlaganfall, Diabetes und Krebs –, weitgehend Krankheiten des Lebensstils. Ändern Sie Ihren Lebensstil, um Ihr Risiko zu verringern, diese schweren Leiden zu entwickeln.

Im Allgemeinen werden Sie, ganz gleich, wer Sie sind, die positiven Effekte regelmäßiger sportlicher Betätigung spüren. Dazu zählen stärkere Knochen, die Osteoporose abwenden können; ein größerer Bewegungsumfang der Gelenke; gesteigerte Kraft und die Fähigkeit, körperliche Arbeit auszuführen; niedrigerer Blutdruck, ein besseres Blutzuckergleichgewicht, das Diabetes vorbeugen bzw. rückgängig machen kann, besserer Schlaf, und möglicherweise sogar ein verbesserter sexueller Antrieb. Es gibt eine Subkultur von Menschen, die auf Injektionen des menschlichen Wachstumshormons bzw. HGH („Human Growth Hormone") bauen, um einige dieser positiven Effekte zu erzielen. HGH kommt ganz natürlich im Körper vor, nimmt aber vom zwanzigsten Lebensjahr an und während des restlichen Lebens allmählich ab. Dieser Abbau gilt als eine der Hauptursachen für den Verlust von Muskelmasse, die Verlangsamung des Stoffwechsels und den verminderten sexuellen Antrieb bei älteren Menschen. HGH ist jedoch extrem kostspielig, es kostet mehrere zehntausend Dollar jährlich, und es kann starke Nebenwirkungen haben. Dennoch entspricht es dem Wunsch vieler Leute, eine schnelle Lösung für die Auswirkungen des Alterns zu finden. Unnötig zu sagen, dass regelmäßige Bewegung unseres Erachtens eine viel klügere Wahl für Menschen ist, die im späteren Leben körperlich und geistig fit sein wollen.

Im Gegensatz zu einem verbreiteten Mythos ist Sport keine Gefahr für ältere Menschen. Bevor Sie eine Trainingsroutine beginnen, sollten Sie jedoch stets mit Ihrem Arzt überprüfen, dass Sie kein Herzproblem bzw. kein anderes Leiden haben, welches das Training für Sie gefährlich machen könnte. Zudem wäre Anleitung von einem persönlichen Trainer sinnvoll, der darin erfahren ist, ältere Menschen zu trainieren. Solange Sie es nicht übertreiben und sich nicht verletzen, gibt es keine Region Ihres Körpers, die an regelmäßiger Bewegung nicht ebenso sehr Gefallen finden wird wie eine Ente am Wasser – und das gilt besonders für Ihr Gehirn.

Ernährung und Ihr Gehirn

Dieses Buch wäre nicht vollständig ohne einige Bemerkungen über die Nahrungsmittel, die Ihrem Gehirn zuträglich sind. Das, was Sie essen, wirkt sich unmittelbar auf Ihre Gesundheit und Ihr Wohlbefinden aus. Viele Amerikaner, aber auch Europäer konsumieren bei weitem zu viel Natrium, gesättigtes Fett und verarbeitete Inhaltsstoffe. Diese Stoffe tragen zu Durchblutungsstörungen bei, die dem Gehirn die nötige Blutzufuhr vorenthalten und hohen Blutdruck und weitere der Gehirngesundheit abträgliche Beschwerden verursachen.

Im Allgemeinen ist eine Ernährung, die viel frische Zutaten, Obst, Gemüse und Vollkorn enthält, genauso gut für Ihr Gehirn wie für den Rest Ihres Körpers. Dennoch schlagen bestimmte Lebensmittel für das Gehirn mehr zu Buche als andere:

- Nahrungsmittel, die viel Omega-3-Fettsäuren enthalten, wie Lachs, Thunfisch und Walnüsse;
- Nahrungsmittel, die viel B-Vitamin Cholin enthalten, wie Eier;
- Lieferanten guter Fette, wie Avocados, Mandeln oder natives Olivenöl;
- Grünblättriges Gemüse, getrocknetes Gemüse und mageres Fleisch, die lebenswichtige Aminosäuren liefern;
- Vollkornbrot, Getreide und Cracker

Die Durchführung der Gehirnsensibilisierung

Gehirnsensibilisierung ist eine integrierte Geist-Körper-Trainingsmethode, die darauf ausgerichtet ist, spezifische Regionen des Gehirns zu stimulieren, Blockaden des Ki-Energieflusses zu beseitigen und den Geist durch tiefes Dehnen, meditative Atemtechniken und Energiegewahrsein zu beruhigen. Als ein Hilfsmittel für Meditation, verbesserte Konzentration und größeres körperliches Wohlbefinden eignet sie sich perfekt für ältere Menschen, die einen heilenden, ganzheitlichen Weg zur Förderung der Gehirn- und der allgemeinen Gesundheit suchen.

Die Durchführung nimmt häufig die Form von Yoga an, doch selbst wenn Sie Meditation oder andere Disziplinen in Ihre Praxis einbeziehen, gibt Gehirnsensibilisierung Praktizierenden eine Methode

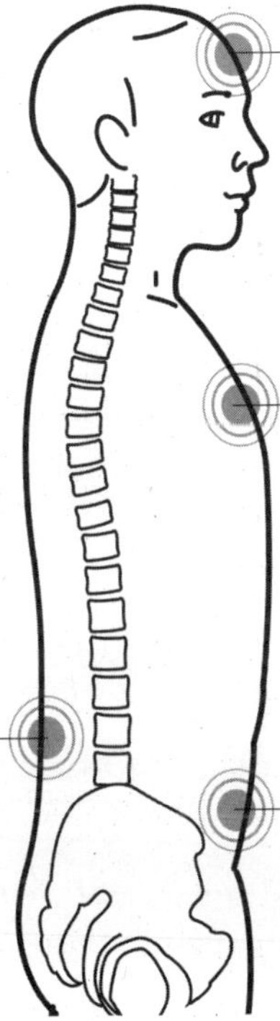

Der Zustand „Wasser nach oben, Feuer nach unten"

an die Hand, aus dem Karussell des Lebens auszusteigen und ihrem wahren Selbst zuzuhören, inneren Frieden und ein Wiederentdecken von Sinn und Zielen im Leben zu fördern – etwas, was für ältere Menschen, die sich der Pensionierung, körperlichem Abbau oder der Ungewissheit des Lebens in einer sich ständig wandelnden Welt gegenüber sehen, von großer Bedeutung ist.

Die Übungen der Gehirnsensibilisierung fördern die Verbindung zwischen Körper und Gehirn und erkennen das Gehirn als Zentrum des menschlichen Körpers, der Wahrnehmung und der Erfahrung an. Menschen, die diese Übungen ausführen, lernen, ihr Gehirn umfassender für die Verwirklichung eines besseren Lebens einzusetzen. Dies ist eine Praxis, welche die Macht des Geistes anerkennt, den Körper zu heilen. Mit Hilfe der Übungen dieses Buches lernen Sie, den Einsatz Ihrer inneren Energie zu beherrschen und Ihr körperliches, geistiges und spirituelles Wohlbefinden zu verstärken.

Die Wirksamkeit von Gehirnsensibilisierung basiert auf der Kontrolle eines grundlegenden Lebensprinzips, wie es in der traditionellen asiatischen Medizin bekannt ist. Die Vorstellung, dass kühle Wasserenergie und heiße Feuerenergie frei in unserem Körper fließen, ist bekannt als *su-seung-hwa-gang*, was bedeutet „Wasser nach oben, Feuer nach unten". Wenn der Körper im Gleichgewicht ist, strebt kühle Wasserenergie nach oben in Richtung Kopf, während heiße Feuerenergie nach unten zum Unterleib fließt – das „Feuer im Bauch". Dies spiegelt den Zyklus von Wasser und Feuer in der Natur wider, da die Sonnenhitze das Wasser der Meere und Flüsse verdunsten lässt, das schließlich als Regen wieder auf die Erde zurückfällt. Wenn der natürliche Fluss dieser Gegensätze im Gleichgewicht ist, die Wasserenergie also an der Rückseite des Körpers entlang aufwärts zum Kopf und die Feuerenergie an der Vorderseite des Körpers entlang abwärts fließt, dann sind Geist und Körper friedvoll und wohlauf. Ist dieser Fluss aus dem Gleichgewicht geraten, herrscht dagegen das Gefühl vor, nichts sei richtig. Die Verdauung funktioniert nicht gut, Emotionen scheinen außer Kontrolle und zusammenhanglos zu sein und Schmerz ist gang und gäbe. Gehirnsensibilisierung wirkt darauf hin, diese gegensätzlichen Kräfte ins Gleichgewicht zu bringen.

Der Zusammenhang mit Stress

Aus westlicher Perspektive ist Gehirnsensibilisierung darauf hin ausgerichtet, eine angemessene Balance zwischen zwei Systemen, dem sympathischen und dem parasympathischen Nervensystem, wiederherzustellen. Mit anderen Worten, sie lindert die Auswirkungen der Stressreaktion, die konkret mit so vielen der heutzutage verbreiteten gesundheitlichen Probleme verknüpft ist.

Stress ist aufgrund seiner Wirkung auf das Lernen und das allgemeine Funktionieren des Gehirns für das Gebiet der Gehirngesundheit von besonderem Interesse. In kleinen Dosen kann die chemische Kettenreaktion, die mit der Reaktion „Kämpfen oder Fliehen“ verbunden ist, gut für das Gehirn sein, indem sie uns zum Handeln motiviert und uns auf den Beinen hält. Sind wir jedoch einem beständigen Strom von Stresshormonen ausgesetzt, wie es bei Menschen heutzutage häufig der Fall ist, kann dies das geistige Funktionieren beeinträchtigen, insbesondere im Bereich des Gedächtnisses und der Denkschärfe. Mit der Zeit kann sich dies regelrecht schwächend auf die Gehirnleistung auswirken. Durch Aktivitäten der Gehirnsensibilisierung können Sie lernen, die Auswirkungen von Stress zu regulieren, indem Sie Ihren Körper in den Zustand „Ruhen und Verdauen“ zurückführen.

Neue Verbindungswege zur Gesundheit schaffen

Gehirnsensibilisierung besteht aus drei Grundpraktiken. Die erste beinhaltet Dehnübungen, wie man sie häufig im Yoga, im Pilates-Training, im Tai Chi oder in Kampfsportarten findet. Da in tiefen Dehnungsposen jeder Muskel unseres Körpers aktiviert ist, weckt dies die entsprechenden Regionen in unserem Gehirn, so dass Koordination und Gleichgewicht verbessert werden. Die zweite Praxis umfasst Atemmethoden in Verbindung mit dynamischen Körperstellungen, die auch hier wieder häufig Bestandteil meditativer Praktiken und des Yoga sind. Schließlich gibt es noch die grundlegende Energiemeditation. Diese Praxis ermutigt Sie dazu, die Ki-Energie als ein Verbindungsglied zwischen Körper und Geist zu sehen, das Ihr Gewahrsein erweitert und die geistige Klarheit steigert. Viele Praktizierende haben festgestellt, dass sie mit Hilfe dieser Technik negative Gewohnheiten allmählich ändern können.

Für viele ältere Menschen ist die Vorstellung, die kognitiven Fähigkeiten durch eine Form der Demenz zu verlieren, sogar noch beängstigender als die Möglichkeit eines Herzinfarkts oder eines Schlaganfalls. Und doch sind sich die Neurowissenschaftler darin einig, dass das menschliche Gehirn in der Lage ist, über unseren hundertsten Geburtstag hinaus wunderbar zu funktionieren. Was macht dann den Unterschied aus zwischen einem achtzig Jahre alten Mann, der sich nicht an seine Kinder erinnert, und einer 102-jährigen alten Frau, die malt und Gedichte schreibt, wenn sie nicht gerade an der Seniorenolympiade teilnimmt? – Dass sie regelmäßig die „Muskeln" des Gehirns trainiert: neuronale Verbindungen oder Dendriten, die Kognition, Vorstellungskraft und Kreativität unterstützen. Gehirnsensibilisierung wirkt dem geistigen Abbau entgegen, der mit dem Altern einhergeht, indem sie für natürliche Stresslinderung sorgt und Blockaden der Ki-Energie beseitigt.

Gehirnsensibilisierung regt die Bildung neuer neuronaler Verbindungen im Gehirn an und weckt wenig genutzte Regionen sowohl der rechten als auch der linken Gehirnhälfte, um die Zentren des Lernens, der Informationsverarbeitung und des Gedächtnisses intakt und in gutem Zustand zu erhalten. Wenn Gehirnzellen sterben, trägt dieser Prozess dazu bei, sie zu ersetzen. Praktizierende stellen zudem fest, dass sie besser in der Lage sind, Kontrolle über ihr Gehirn auszuüben, lebenslange Denkmuster zu ändern, schlechte Gewohnheiten zu durchbrechen und tief sitzende Vorurteile loszulassen. Letztendlich sollte Ihr Ziel ein friedvolles, kreatives und produktives Gehirn sein. Wie Dr. David Myers es in seinem Buch *The Pursuit of Happiness* ausdrückt: „Wohlbefinden liegt im Wiederaufnehmen eines disziplinierten Lebensstils und darin, Anerkennung zu geben und zu empfangen."

Die richtige Haltung

Wenn Sie Ihre Übungen machen, sollten Sie sich vergewissern, dass Sie eine gute Haltung und Körperausrichtung haben. Mit den Jahren hat Ihr Körper wahrscheinlich Gewohnheiten entwickelt, die alles andere als ideal sind. Wenn Sie sich bewusst darum bemühen, Ihre Haltung zu verbessern, bringen Sie hauptsächlich Ihrem Gehirn erneut bei, eine gesündere Gewohnheit anzunehmen. Versuchen Sie, diese Haltung beizubehalten, während Sie die Übungen im Stehen in diesem Buch durchführen.

Wie für jede körperliche Übung, gilt auch hier: Geben Sie Acht, dass Sie die Grenzen Ihres Körpers nicht überschreiten. Denken Sie daran: Sie brauchen nicht perfekt zu sein. Üben Sie regelmäßig und Sie werden sich schrittweise verbessern.

Schultern: Entspannen Sie Ihre Schultern.
Taille: Richten Sie Ihre Taille gerade aus und rollen Sie Ihr Steißbein nach innen ein wie einen Haken. Wenn Sie das Steißbein einrollen, wird die S-Kurve Ihrer Wirbelsäule begradigt und eine sanfte Anspannung besteht im Unterleib.
Knie: Beugen Sie leicht und natürlich die Knie. Vermeiden Sie es, die Knie zu schließen, denn dies kann den Energiefluss blockieren.
Beine: Stellen Sie Ihre Beine schulterbreit auseinander. Die Beine zu weit zu spreizen kann die Energie im Unterleib und im Unterkörper zerstreuen.

Füsse: Stellen Sie Ihre Füße parallel nebeneinander, aber nicht mehr als schulterbreit auseinander, um zu vermeiden, die im Unterleib gespeicherte Energie zu verlieren.
Fusssohlen: Verlagern Sie das Gewicht Ihres Körpers gleichmäßig auf beide Fußsohlen.
Atmen: Wenn Sie sich strecken, konzentrieren Sie sich auf eine Region, in der Sie Schmerz verspüren. Atmen Sie sanft durch die Nase ein und stellen Sie sich vor, heilende Energie würde in diesen Teil Ihres Körpers strömen. Öffnen Sie leicht den Mund, atmen Sie ganz natürlich aus und spüren Sie, wie die Blockade in Ihrem Körper sich löst.

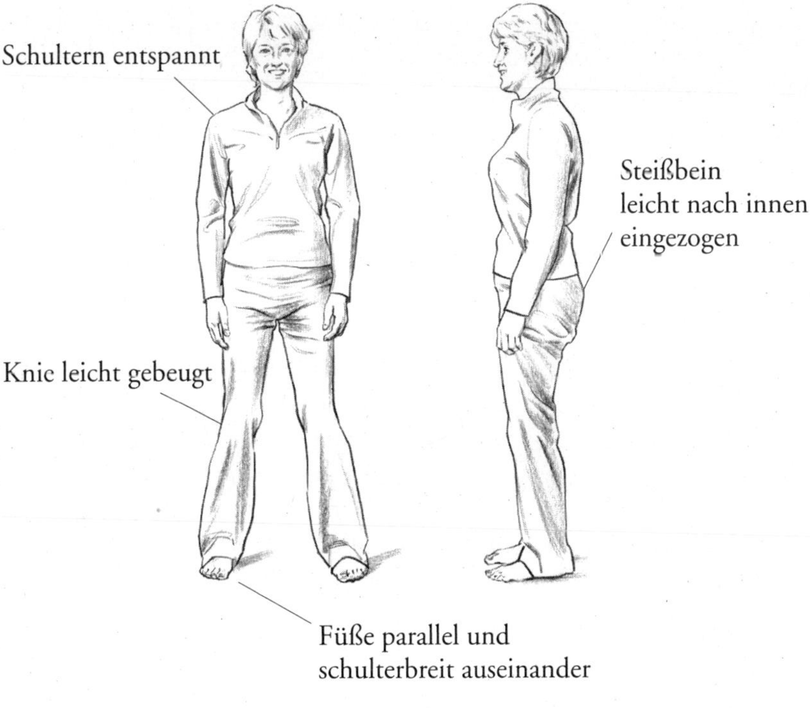

Übungen, um den Körper zu öffnen

Mit Hilfe dieser Übungsgruppe können Sie bewirken, dass Ihr Körper locker und entspannt bleibt. Viele dieser Übungen sind darauf ausgerichtet, dafür zu sorgen, dass die Gelenke weiterhin problemlos funktionieren, was für die lebenslange Beweglichkeit sehr wichtig ist. Es ist außerdem wirklich grundlegend für die Gesundheit des Gehirns, denn Inaktivität führt geradewegs dazu, dass jene sich verschlechtert. Sie kennen wahrscheinlich das Sprichwort „use it or lose it" – „was man nicht nutzt, geht verloren". Wir könnten es abändern und sagen: „Nutze deinen Körper oder verliere dein Gehirn." Diese Übungen können für den grundlegenden Erhalt von Körper und Gehirn ausgeführt werden und die Einflüsse der Zeit in Schach halten.

FEDERN UND STREICHEN

Wenden Sie diese einfache Technik an, um Spannungen in Ihrem Körper schnell zu lösen, besonders im Bereich der Schultern und im oberen Rücken. Sie können sich vorstellen, Sie würden sich Stress aus dem Körper streichen, wenn Sie auf und ab federn.

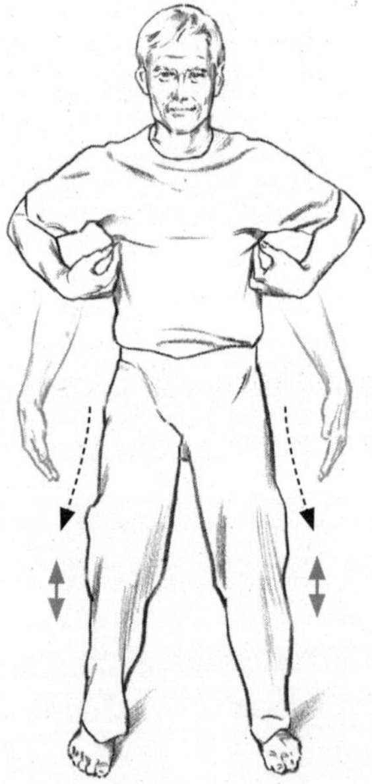

1 Stellen Sie sich hin, die Beine schulterbreit auseinander und die Füße parallel.
2 Legen Sie die Rückseiten Ihrer Finger unter Ihre Achselhöhlen.

3 Streichen Sie schnell seitlich von oben nach unten an Ihrem Körper entlang, während Sie die Knie leicht beugen.
4 Wiederholen Sie diese Bewegung zehn- bis zwanzigmal.

ARME SCHLEUDERN

Diese einfache, angenehme Bewegung trägt dazu bei, Spannungen im Körper zu lösen. Während Sie sie ausführen, versuchen Sie sich vorzustellen, Sie hätten den lockeren, sorglosen Körper eines Kindes, und federn Sie dabei auf und ab.

1 Entspannen Sie Ihre Schultern und beugen Sie leicht die Knie.
2 Behalten Sie Ihre Füße fest am Boden, unterhalb Ihrer Schultern, während Sie Ihre Arme von Seite zu Seite schwingen.
3 Federn Sie im Rhythmus der Bewegung in den Knien.
4 Wiederholen Sie diese Bewegung zwanzigmal oder mehr.

ABKLOPFEN DES GANZEN KÖRPERS

Diese Übung ist dafür bestimmt, die Blutzirkulation im ganzen Körper anzuregen. Die Durchblutung ist entscheidend, um Ihrem Gehirn frisches, sauerstoffreiches Blut zuzuführen. Zudem wird jedes Mal, wenn Sie eine bestimmte Region Ihres Körpers beklopfen, der entsprechende Teil Ihres Gehirns stimuliert. Versuchen Sie, die folgende Abfolge dabei einzuhalten, denn sie geht im Einklang mit der natürlichen Zirkulation des Körpers vor.

1 Bilden Sie mit den Fingern eine Schale und klopfen Sie leicht über Ihren Kopf und Ihr Gesicht. Strecken Sie Ihren linken Arm aus, die Handfläche nach oben. Nehmen Sie Ihre rechte Hand und klopfen Sie, an der linken Schulter beginnend, rhythmisch den Arm abwärts bis zur linken Hand.

2 Dann drehen Sie Ihre linke Hand um und bewegen sich mit der rechten klopfend die ganze Strecke zurück den Arm aufwärts, bis Sie wieder an der linken Schulter angelangt sind. Wiederholen Sie das Ganze mit der linken Hand auf dem rechten Arm.

3 Klopfen Sie mit beiden Händen mehrmals Ihre Brust ab, wobei Sie tief atmen und vollständig ausatmen. Bewegen Sie sich von Ihrer Brust aus klopfend weiter zu den Rippen, dem Bauchraum und den Seiten. Klopfen Sie den Bereich unmittelbar unterhalb Ihres Brustkorbs ab, wo die Leber sich befindet, und konzentrieren Sie sich darauf, positive, klare Energie auf die Leber auszustrahlen.

4 Klopfen Sie mit beiden Händen den Bereich unmittelbar unterhalb Ihres Brustkorbs ab, wo Ihr Magen sich befindet, und konzentrieren Sie sich darauf, Ihrem Bauch heilende Energie zuzuführen.

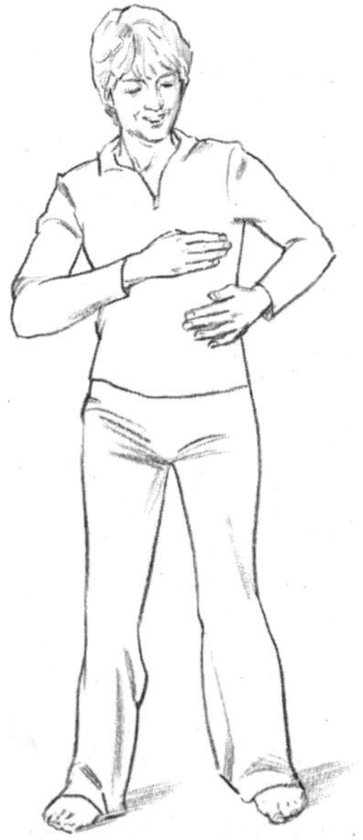

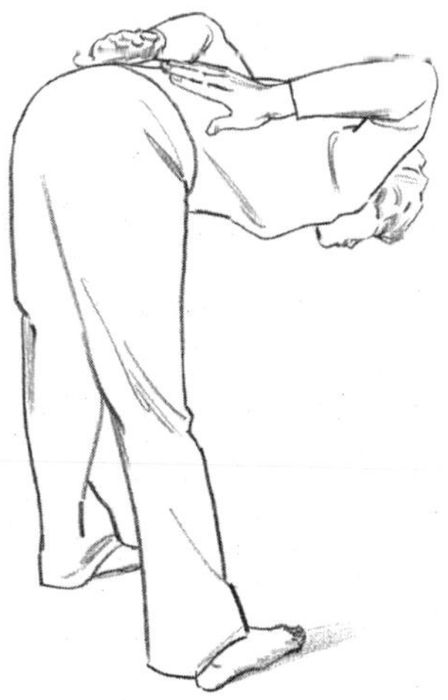

5 Beugen Sie sich leicht aus der Hüfte heraus vor und klopfen Sie Ihren unteren Rückenbereich ab (auf beiden Seiten), wo Ihre Nieren liegen. Bewegen Sie sich weiter nach oben und klopfen Sie, so weit Ihre Hände reichen. Dann bewegen Sie sich klopfend abwärts bis zu Ihren Gesäßhälften.

6 Wandern Sie klopfend, beginnend bei Ihren Gesäßhälften, entlang der Rückseite Ihrer Beine bis zu Ihren Knöcheln nach unten.

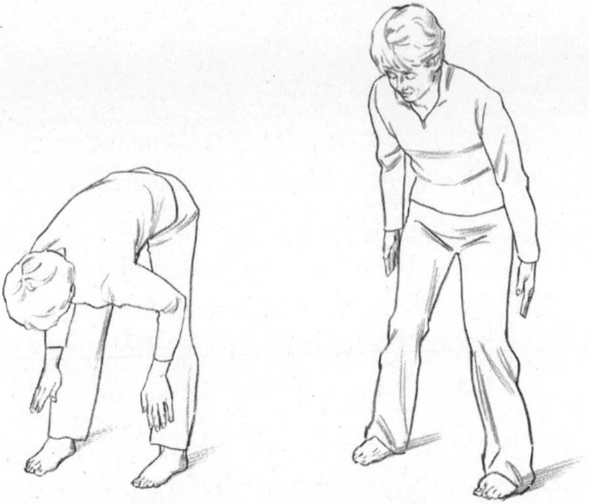

7 Von den Knöcheln aus beginnen Sie, an der Vorderseite Ihrer Beine entlang aufwärts zu klopfen, bis sie an Ihren Oberschenkeln angelangt sind.

8 Klopfen Sie, von den Oberschenkeln ausgehend, abwärts an den Außenseiten Ihrer Beine entlang bis zu Ihren Knöcheln.

9 Von den Knöcheln aus klopfen Sie entlang der Innenseiten Ihrer Beine aufwärts, bis Sie zu Ihren Oberschenkeln gelangen.

10 Zuletzt klopfen Sie ungefähr zwanzigmal auf Ihren Bauch.

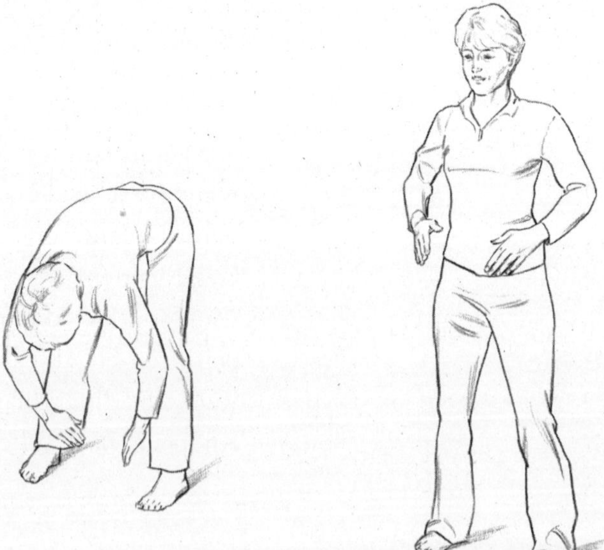

SCHULTERKREISEN

Diese Übung trägt dazu bei, Ihre Schultergelenke offen und beweglich zu erhalten. Sie unterstützt Sie außerdem dabei, die Muskeln um die Schulterblätter herum zu entspannen, in denen sich häufig Spannungsknoten verbergen.

1 Legen Sie beide Hände auf Ihre Schultern und strecken Sie die Ellenbogen nach vorne.
2 Heben Sie Ihre Ellenbogen auf Schulterhöhe.
3 Machen Sie eine große, kreisförmige Bewegung und lassen Sie die Ellenbogen einmal langsam kreisen.
4 Wiederholen Sie dies sechsmal von vorne nach hinten und sechsmal von hinten nach vorne.

BECKENKREISEN

Sie können sich diese Übung als Ihre tägliche Hula-Lektion vorstellen. Sie wird dazu beitragen, dass Sie Ihre Hüftgelenke und den unteren Rücken entspannt halten können. Aloha!

1 Stellen Sie sich hin, die Füße parallel nebeneinander, die Beine schulterbreit auseinander. Legen Sie Ihre Hände auf die Hüften. Die Knie sind gestreckt.
2 Bewegen Sie Ihre Hüften in einem großen Kreis und holen Sie dabei in alle Richtungen so weit wie möglich aus. Wiederholen Sie dies fünfmal. Wechseln Sie dann und kreisen Sie fünfmal in der entgegengesetzten Richtung.

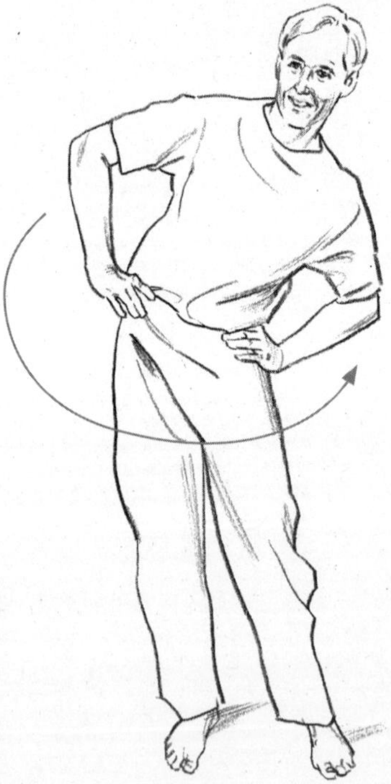

DREHEN DES HÜFTGELENKS

Diese Übung trägt zur Stärkung der Hüften, des Gesäßes und der hinteren Oberschenkelmuskulatur bei. Wenn Sie, wie so viele, einen Großteil der Zeit auf Stühlen sitzend verbracht haben, lässt die Beweglichkeit Ihrer Hüften möglicherweise etwas zu wünschen übrig. Mit Hilfe dieser Übung können Sie dieses Problem beheben.

1 Entspannen Sie den Oberkörper und rollen Sie sanft das Steißbein ein, während Sie sich gerade aufrichten. Erzeugen Sie gleichzeitig eine sanfte, aber feste Spannung im Unterleib. Halten Sie sich an einem stabilen Gegenstand wie einem Stuhl fest oder stützen Sie sich an einer Wand ab, falls Sie dadurch besser das Gleichgewicht halten können.
2 Stehen Sie in einer „lockeren“ Haltung, heben Sie das rechte Knie bis auf Höhe des Unterleibs an und drehen Sie es dreißigmal nach außen.
3 Wechseln Sie das Bein, und wiederholen Sie dasselbe dreißigmal.
4 Heben Sie erneut das rechte Knie und drehen Sie es dreißigmal in die entgegengesetzte Richtung. Wechseln Sie das Bein und wiederholen Sie dasselbe dreißigmal.

KREISEN DER KNIE

Knieprobleme gehören zu den am meisten verbreiteten körperlichen Beschwerden, wenn wir älter werden. Wenden Sie diese Übung an, um ihre Knie auf jegliche anstrengende Aktivität vorzubereiten.

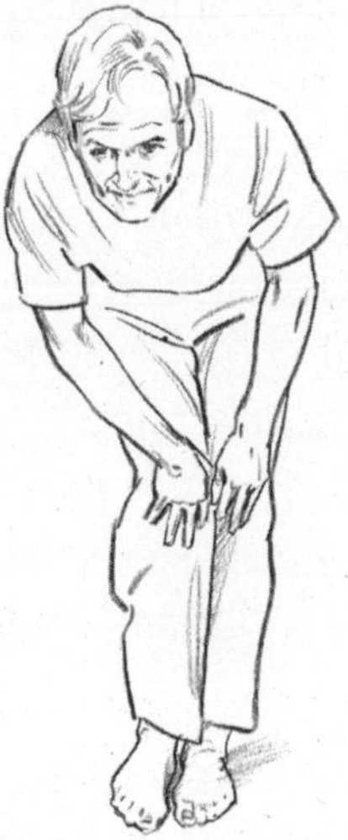

1 Beugen Sie leicht die Knie. Die Fußsohlen bleiben dabei am Boden. Die Hände ruhen auf den Knien, ohne sie jedoch mit Gewicht zu belasten. Entspannen Sie Ihren Oberkörper.
2 Drehen Sie Ihre Knie zusammen in einer Kreisbewegung nach rechts. Heben Sie dabei nicht die Fußsohlen vom Boden ab.
3 Wiederholen Sie die Bewegung, indem Sie in die andere Richtung kreisen.

4 Bewegen Sie Ihre Knie in kleinen Kreisen von innen nach außen. Die Knie dürfen sich dabei leicht öffnen.
5 Wiederholen Sie die Bewegung in die andere Richtung, von außen nach innen.

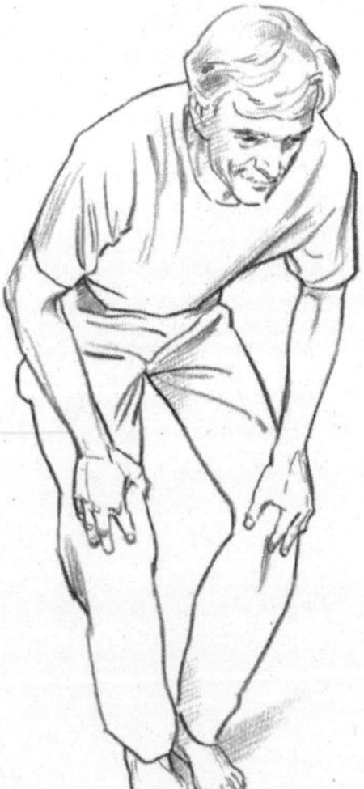

ABKLOPFEN DES UNTERLEIBS

Diese Übung mag vielleicht anfangs etwas merkwürdig erscheinen, aber sie ist sehr wirksam, um die Durchblutung der inneren Organe zu stärken. Sie bewirkt auch, dass Sie in Ihrem Körper zentriert bleiben.

Dadurch, dass Sie Ihren Unterleib mit den Handflächen rhythmisch beklopfen, werden Blut und Energie im ganzen Körper verteilt. Unterleibsübungen fördern das zügige Ausscheiden überschüssiger Gase und Abfallstoffe aus dem Körper, zudem spüren Sie mehr Wärme im Unterleib.

1 Stellen Sie sich hin, die Beine schulterbreit auseinander, und beugen Sie leicht die Knie.
2 Richten Sie die Zehen etwas nach innen; Sie werden spüren, wie sich der Unterleib leicht anspannt.
3 Schlagen Sie mit beiden Handflächen leicht auf den Unterleibsbereich.
4 Beginnen Sie mit hundert Schlägen. Mit zunehmender Praxis dürfen Sie die Anzahl und Kraft der Schläge steigern.

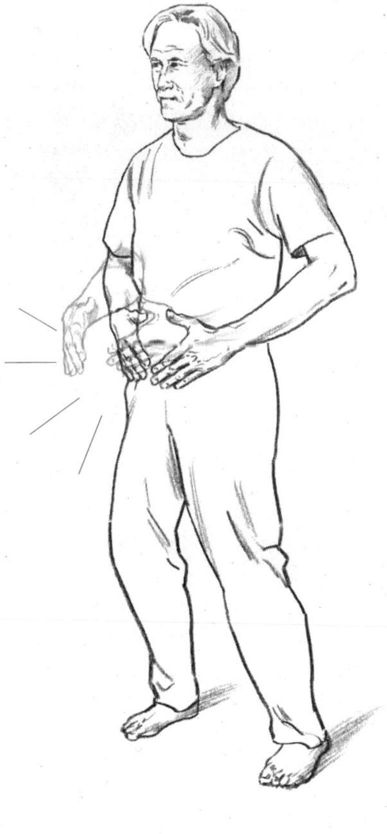

ÜBUNGEN FÜR DEN VERDAUUNGSTRAKT

Im Bauchraum besteht unter Umständen sehr viel Spannung. Aus diesem Grund entwickeln viele Menschen Verdauungsprobleme. Wenden Sie diese Übung an, um Spannungen zu lösen und die Arbeit des Verdauungsapparats zu verbessern. Diese Übung wird zwar in einer stehenden Haltung gezeigt, sie kann aber auch im Sitzen oder Liegen durchgeführt werden.

1 Stellen Sie sich hin, die Beine schulterbreit auseinander.
2 Legen Sie Ihre Daumen auf den Nabel. Die Hände bilden dabei ein auf den Kopf gestelltes Dreieck.
3 Während der Oberkörper entspannt bleibt, ziehen Sie Ihren Bauch ein.
4 Drücken Sie jetzt Ihren Bauch nach außen, machen Sie ihn rund wie einen Ballon.
5 Wiederholen Sie diese Bewegung mehrmals, bis zu hundertmal oder mehr.

Dehn- und Streckübungen

Die Gesundheit des Gehirns hängt weitgehend von einer angemessenen Durchblutung ab. Der beste Weg, eine gute Durchblutung zu bewahren, ist mittels Geschmeidigkeit und Beweglichkeit. Gewöhnen Sie sich an, den ganzen Körper täglich zu dehnen, um sowohl Ihren Körper als auch Ihr Gehirn gesünder zu machen.

Wenn Sie feststellen, dass Sie nicht mehr ganz so gelenkig sind wie früher, seien Sie geduldig mit sich. Diese Übungen brauchen nicht perfekt ausgeführt zu werden, um wirksam zu sein, und mit regelmäßiger Praxis werden Sie sich sehr verbessern.

DEN NACKEN DEHNEN

Der Nackenbereich ist ein Teil des Skeletts, der mit großer Wahrscheinlichkeit zu einer schiefen Haltung neigt. Falls Sie jemals einen steifen Nacken hatten, wissen Sie wahrscheinlich, wie wichtig es ist, dass der Nacken gerade ausgerichtet ist. Diese Übung ist sehr gut, um eine ausbalancierte Haltung des Nackens bewahren zu können, die häufig durch das, was wir gewöhnlich tun, verschlechtert wird.

1. Bewegen Sie nur Ihren Hals und Kopf, ganz langsam. Entspannen Sie den Rest des Körpers. Strecken Sie Ihren Hals nach hinten, indem Sie Ihr Kinn nach oben richten.
2. Beugen Sie Ihren Kopf zur linken Seite und versuchen Sie, mit dem linken Ohr die Schulter zu berühren.

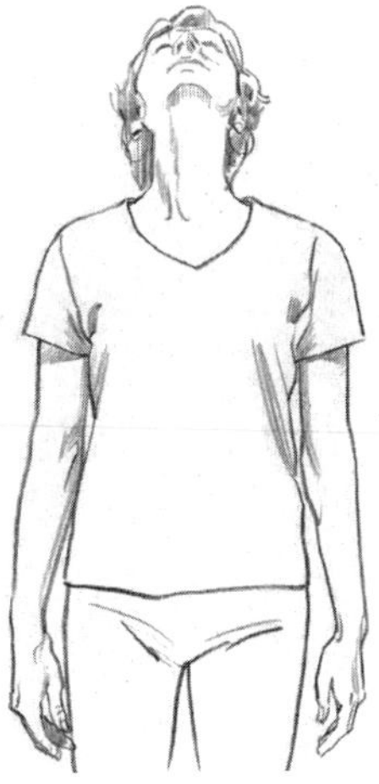

3 Wiederholen Sie diese Bewegung zur anderen Seite hin. Versuchen Sie, mit dem rechten Ohr Ihre rechte Schulter zu berühren.
4 Drehen Sie den Kopf langsam nach links.
5 Wiederholen Sie diese Bewegung zur anderen Seite hin, indem Sie den Kopf nach rechts drehen.
6 Drehen Sie als Nächstes den Kopf nach links.
7 Wiederholen Sie die Bewegung zur anderen Seite hin.

DIE SCHULTERN DEHNEN

Dies ist zu jeder Zeit eine wunderbare Verjüngungsübung. Sie ermöglicht Ihnen nicht nur, Verspannungen im Schulter- und oberen Rückenbereich zu lösen, sondern öffnet Ihre Brust für ein leichteres Atmen.

1 Legen Sie einen Arm hinter den Kopf und ergreifen Sie Ihr Handgelenk mit der anderen Hand.
2 Ziehen Sie Ihr Handgelenk nach unten, während Sie den Ellenbogen nach oben über den Kopf schieben.
3 Atmen Sie ein und drücken Sie Ihren Arm mit dem Kopf nach hinten.
4 Bleiben Sie in dieser Position etwa so lange, bis Sie bis fünf gezählt haben, und lassen Sie dann los. Wiederholen Sie das Ganze auf der anderen Seite.

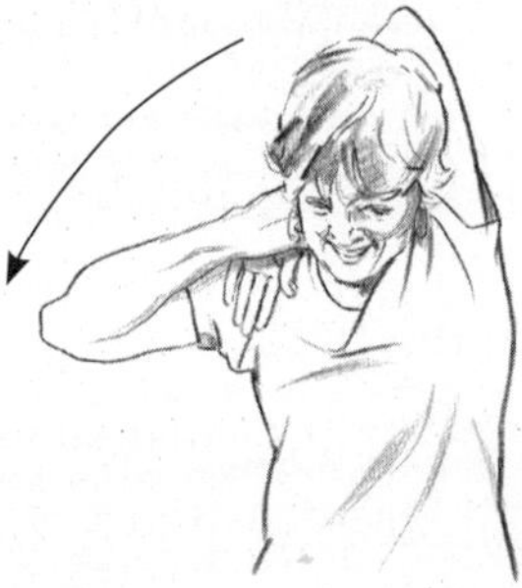

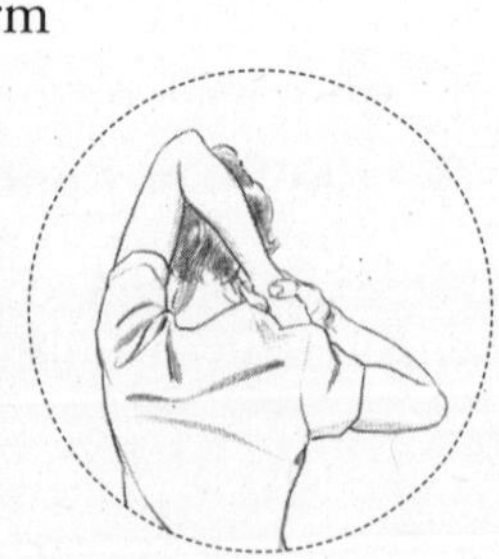

SICH NACH OBEN STRECKEN

Mit Hilfe dieser Dehnübung können Sie beide Körperseiten ausbalancieren, was letztendlich mit dem Gleichgewicht zwischen der linken und rechten Hälfte Ihres Gehirns zusammenhängt. Sie dehnt und öffnet zudem Teile Ihrer Brust, die normalerweise bewegungslos sind.

1 Stellen Sie Ihren rechten Fuß nach vorne und legen Sie Ihre rechte Handfläche auf Ihren rechten Oberschenkel.
2 Atmen Sie ein und heben Sie Ihre ausgestreckte linke Hand bis hinter Ihren Kopf, wobei die Handfläche zur Decke weist.
3 Atmen Sie aus und kehren Sie langsam zur Ausgangsposition zurück.
4 Wiederholen Sie dies dreimal. Wiederholen Sie die Übung dann auf der anderen Körperseite.

DIE HANDGELENKE VERDREHEN

Diese Bewegung hält Ihre Handgelenke offen und beweglich und beugt dem Karpaltunnelsyndrom vor. Überdies ist es eine gute Herausforderung für Ihr Gehirn.

1 Strecken Sie Ihren linken Arm gerade vor Ihrer Brust aus und drehen Sie Ihre Hand, so dass sie nach außen zur linken Seite weist.

2 Legen Sie Ihre rechte Hand auf die linke Hand und verschränken Sie die Finger.
3 Halten Sie Ihre Hände fest verschränkt und senken Sie sie bis zum Bauchraum, indem Sie Ihre Ellenbogen beugen.

4 Führen Sie Ihre verschränkten Hände zwischen Ihren Armen aufwärts bis zum Brustkorb und strecken Sie sie so weit aus, wie Sie können. Bleiben Sie in dieser Position, während Sie bis zehn zählen.
5 Kehren Sie zurück in die Ausgangsposition und wiederholen Sie die Übung auf der anderen Seite.

DIE SEITEN DEHNEN

Abgesehen davon, dass diese Übung eine hinreichende Dehnung aller Muskeln an den Körperseiten gewährleistet, sorgt diese Haltung auch für eine bessere Durchblutung der Organe im Bauchraum.

1 Legen Sie Ihre linke Hand auf Ihr linkes Bein. Atmen Sie ein und strecken Sie gleichzeitig die rechte Hand über das Ohr zur linken Seite.
2 Bleiben Sie in dieser Haltung, während Sie bis drei zählen. Atmen Sie aus und kehren Sie langsam zur Ausgangsposition zurück.
3 Wiederholen Sie die Übung dreimal auf beiden Körperseiten.

VORWÄRTSBEUGE

Ihre Beine, insbesondere die hinteren Oberschenkelmuskeln, können sich sehr schnell anspannen und verhärten, wenn Sie sie nicht regelmäßig dehnen. Machen Sie diese Übung jeden Tag und Sie werden im Nu Ihre Zehen berühren können.

1 Setzen Sie sich hin, die Beine zusammen und gerade vor sich ausgestreckt.
2 Legen Sie Ihre Hände auf die Knie. Führen Sie die Hände in einer Kreisbewegung zum hinteren Hüftbereich und in einem Kreis über Ihren Kopf.
3 Beugen Sie Ihren Oberkörper und den unteren Rückenbereich, so dass Ihre Hände die Zehen berühren können.
4 Konzentrieren Sie sich darauf, die Beine ausgestreckt zu halten, während Sie die Ellenbogen beugen und Brust und Kopf in Richtung Knie bringen. Bleiben Sie ungefähr zehn Sekunden in dieser Haltung und kehren Sie dann zur Ausgangshaltung zurück.
5 Wiederholen Sie die Übung mehrmals.

DIE HÜFTEN DEHNEN

Wenn es Ihnen geht wie den meisten Menschen, dann haben Sie wahrscheinlich zu viel Zeit Ihres Lebens sitzend verbracht. Diese Übung hilft Ihnen, die Hüftgelenke offen und beweglich zu machen und möglicherweise Verletzungen in Zukunft zu vermeiden.

1 Legen Sie sich bequem auf den Boden. Beugen Sie ein Knie und umfassen Sie Ihr Schienbein mit den Händen.
2 Ziehen Sie Ihr Knie zur Brust und nach unten zu Ihrer Armbeuge.

3 Atmen Sie ein und halten Sie Ihren Atem etwa fünf Sekunden lang an, dann lassen Sie ausatmend los.
4 Wiederholen Sie diese Bewegung dreimal auf jeder Seite.

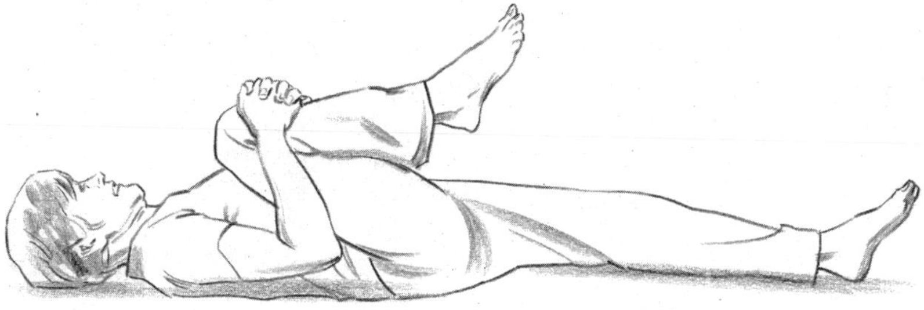

DEHNEN DER INNEREN OBERSCHENKEL

Wenn Sie sich nicht regelmäßig bemüht haben, die inneren Oberschenkel zu strecken, finden Sie diese Übung vielleicht anfangs schwierig. Um Verletzungen zu vermeiden, beginnen Sie mit einer leichten Dehnung und arbeiten sich vor zu einer tieferen Dehnung.

1 Spreizen Sie die Füße weit auseinander, etwa entsprechend der doppelten Schulterbreite, und stellen Sie sie dabei parallel. Legen Sie die Hände auf die Hüften oder halten Sie sich an einem stabilen Gegenstand fest.
2 Beugen Sie ein Knie und senken Sie eine Hüfte etwas zum Boden hin, während Sie das nicht gebeugte Bein ausgestreckt halten.
3 Passen Sie Ihre Haltung so weit an, wie erforderlich, um eine spürbare, feste Dehnung im inneren Oberschenkel zu erreichen.
4 Wiederholen Sie die Übung auf der anderen Seite.

Übungen zum Wahrnehmen der Energie

Haben Sie einen sechsten Sinn? Vielleicht ist es so, ohne dass Sie sich dessen bewusst sind. Mit *sechster Sinn* meinen wir keine wie auch immer geartete psychische Fähigkeit, sondern vielmehr die Fähigkeit, Energie zu spüren. Wenn Sie diesen Übungen folgen, werden Sie Ihre Fähigkeit entwickeln, Energie zu spüren; zudem tragen die Übungen dazu bei, Ihren Geist zu beruhigen und zu fokussieren.

ENERGIE SPÜREN

Ki-Energie ist nicht sichtbar, kann jedoch gespürt werden. Mit dieser Übung werden Sie lernen, ihr Vorhandensein wahrzunehmen. Sie erfordert tiefe, entspannte Konzentration – das perfekte Heilmittel für ein stark beanspruchtes Gehirn. Bevor Sie diese Übung angehen, sollten Sie so entspannt wie möglich sein. Dehnen Sie daher Ihren Körper, bevor Sie anfangen. Zunächst ist das Gefühl vielleicht sehr schwach ausgeprägt. Tun Sie Ihr Bestes, ihren Geist zu klären, und konzentrieren Sie sich auf diese Empfindung. Fahren Sie damit fort und bald werden Sie feststellen, dass die Empfindung stärker wird.

1 Setzen Sie sich bequem auf den Boden oder auf einen Stuhl und richten Sie Ihren Rücken auf.
2 Legen Sie Ihre Hände auf die Knie, die Handflächen nach oben, und schließen Sie die Augen. Entspannen Sie Ihren Körper, insbesondere Nacken und Schultern. Entspannen Sie sich geistig. Atmen Sie tief ein; lassen Sie jegliche übrige Spannung los, während Sie ausatmen. (Sanfte Meditationsmusik im Hintergrund ist unter Umständen hilfreich.)

3 Heben Sie Ihre Hände sanft auf Brusthöhe, wobei sich die Handflächen zwar gegenüberliegen, sich aber nicht berühren. Konzentrieren Sie sich zuerst auf jede Empfindung, die Sie zwischen den Handflächen wahrnehmen. Zunächst spüren Sie vielleicht nur die Temperatur Ihrer Hände.

4 Nun lassen Sie etwa fünf bis zehn cm Raum zwischen Ihren Händen und konzentrieren sich voll auf diesen Zwischenraum. Stellen Sie sich vor, Ihre Schultern, Arme, Handgelenke und Hände würden in einem Vakuum fließen, ohne Gewicht.

5 Vergrößern Sie den Abstand zwischen Ihren Hände etwas und verringern Sie ihn wieder, während Sie Ihre Konzentration aufrechterhalten. Vielleicht spüren Sie ein Kribbeln, vergleichbar mit Elektrizität, einen Magnetismus, der bewirkt, dass Ihre Hände sich anziehen oder abstoßen. Vielleicht haben Sie sogar das Gefühl, einen weichen Baumwollball in den Händen zu halten oder sich langsam durch warmes Wasser zu bewegen. All diese Gefühle sind Manifestationen Ihres Energieflusses.

6 Wenn die Empfindung deutlicher wird, entfernen Sie die Hände weiter voneinander oder nähern sie aneinander an. Die Empfindung wird Sie nicht verlassen; sie wird sich ausdehnen und stärker werden.

7 Atmen Sie dreimal langsam und tief ein und aus.

8 Reiben Sie die Hände kräftig aneinander, bis sie warm sind. Dann streichen Sie sanft über Augen, Gesicht, Nacken und Brust.

IN DEN UNTERLEIB ATMEN

Richtiges Atmen ist wesentlich für die Stressbewältigung. Als Kind haben Sie dies ganz natürlich getan; niemand brauchte es Ihnen beizubringen. Mit den Jahren hat sich in Ihrem Körper jedoch viel Spannung aufgestaut und Ihr Atem ist flach und unzureichend geworden. Für Ihr Gehirn ist dies sehr ungünstig, denn es gedeiht durch den in Ihrem Blut enthaltenen Sauerstoff. Praktizieren Sie diese Übung, um wieder zu lernen, wie ein Baby zu atmen.

1 Legen Sie sich auf einer harten und warmen Unterlage auf den Rücken.
2 Pressen Sie die Beine eng aneinander und entspannen Sie sie dann vollständig. Sie werden sich ganz von selbst auseinander bewegen, etwa einen Fußbreit. Der Winkel zwischen Füßen und Boden sollte etwa 30 bis 45 Grad groß sein.
3 Legen Sie Ihre Handflächen auf den Unterleib. Die Ellenbogen ruhen bequem auf dem Boden. Wenn die Ellenbogen vom Boden abheben, lassen Sie zu, dass die Hände seitlich am Unterleib abwärts gleiten, bis die Ellenbogen auf dem Boden ruhen.
4 Entspannen Sie Ihren Körper ganz, besonders Oberkörper, Brust und Schultern.

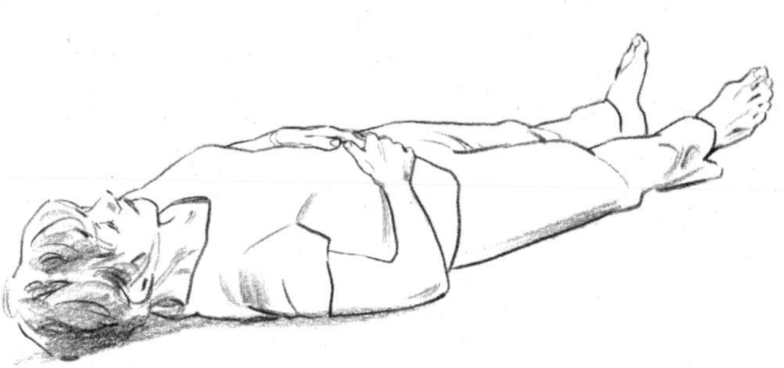

5 Rollen Sie Ihr Steißbein etwas nach oben ein, so dass der untere Rücken so großflächig wie möglich auf dem Boden aufliegt. Beim Einziehen des Steißbeins stellen Sie sich vor, Sie würden eine Schale in Ihrem Unterleib erzeugen, um die Energie aufzunehmen. Versuchen Sie, so gut Sie es vermögen, Ihre Beine dabei nicht anzuspannen. Sie werden automatisch eine leichte Spannung in Ihrem Unterleib spüren.

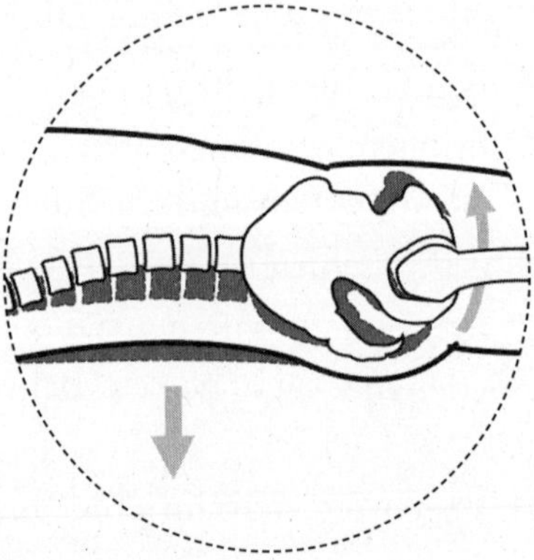

6 Schließen Sie die Augen und konzentrieren Sie sich auf den Energiefluss in Ihrem Körper. Atmen Sie tief in den Unterleib hinein.

Kapitel 2

Ihr flexibles Gehirn

„Lerne jung, lerne genügend; lerne alt, lerne mehr."

Schottisches Sprichwort

In diesem Kapitel werden wir uns mit Gehirnflexibilisierung befassen, dem Prozess, neue neuronale Verbindungen im Gehirn zu bilden. Diese Methode ermöglicht es Ihnen, Ihr Gehirn flexibler zu machen und Widerstand, der dem Ändern negativer Gewohnheiten entgegensteht, zu überwinden.

In seinem Buch *The Memory Prescription*[3] schreibt Dr. Gary Small, Direktor des UCLA Center of Learning: „Forschungen haben gezeigt, dass zunächst ein gesundes und agiles Gehirn erforderlich ist, um uns zu motivieren, unseren Körper richtig zu behandeln und während jeder Lebensphase eine dauerhaft hohe Lebensqualität zu erreichen."

---

3 Vgl. die deutsche Ausgabe: *Gegen das große Vergessen. Ein ganzheitliches Gedächtnistraining*, Moderne Verlagsgesellschaft 2004.

Dies können wir nur unterstreichen. Gesundheit und Lebenskraft beginnen beim Gehirn, denn genau bei diesem Organ beginnt alles. Gehen, ein Kind hochnehmen, einen Fußball wegkicken, einen Plätzchenteig unterrühren und auf See die Segel eines Boots einholen – all das beginnt auf dieselbe Weise: Ein Reiz löst ein elektrisches Signal zwischen verschiedenen Gehirnregionen aus, die mit dem jeweils betroffenen Teil des Körpers in Beziehung stehen. Innerhalb von Millisekunden bewegen sich solche Impulse vom Gehirn am Rückenmark entlang in die Nervenverzweigungen, die den Arm kontrollieren, den wir heben wollen, oder das Bein, das bereit ist, in einem Polonaise-Schritt erhoben zu werden. Voilà – die Bewegung findet statt. Doch es beginnt alles im Schädel.

Zu den abträglichen Vorstellungen, die in der modernen Kultur verbreitet ist, gehört jene, dass das Gehirn von der Geburt bis zum Tod statisch sei. Gemäß der herkömmlichen Sichtweise des Gehirns wächst es in der Kindheit und vielleicht im frühen Erwachsenenalter, beginnt an einem gewissen Punkt jedoch, Gehirnzellen abzubauen; Nervenverbindungen sterben allmählich ab. Dieser Prozess sei unvermeidbar und nicht mehr rückgängig zu machen. Dies erklärt vielleicht die tiefe Furcht, mit der viele Menschen das Altern betrachten: Sie gehen davon aus, dass sie in späteren Jahren der Vergesslichkeit, Senilität und schließlich dem Verlust der Identität anheimfallen. Ein solches Schicksal fürchten viele von uns mehr als die Gewissheit, dass wir sterben müssen: die Möglichkeit des geistigen Verfalls.

Dennoch ist ein solcher Verfall, wie der neueste Stand der Gehirnforschung uns zeigt, zum größten Teil optional. Er kann bei richtigem Handeln abgewendet oder minimiert werden. Die meisten von uns hatten das Glück, irgendeine Person über neunzig oder älter zu kennen, die geistig rege und humorvoll war und über die intellektuellen Fähigkeiten eines zwanzig Jahre jüngeren Menschen verfügte.

Und wenn wir von solch wundervollen Senioren sprechen, sei es als forschende Wissenschaftler oder als neugierige Mitmenschen, dann hören wir tendenziell immer dasselbe: Sie sind auf vielen Gebieten ihr ganzes Leben lang aktiv und interessiert geblieben. Sie lesen und spielen Spiele. Sie haben die Freiheit des Ruhestands dazu genutzt, eine neue Sprache oder ein Musikinstrument zu lernen. Sie haben sich ihre Neugier in Bezug auf Wissenschaft, Religion, Politik und Kultur bewahrt. Sie haben ihren Geist und ihr Gehirn aktiv und rege erhalten, und infolgedessen haben sie ein athletisches Gehirn. Wenn Sie bereit sind, eine gehirnfreundliche Lebensweise anzunehmen, ist es also möglich, dem hässlichen Bild des Gehirnverfalls zu trotzen.

Ihr Gehirn ist nie zu alt, um sich anzupassen

Wissenschaft ist ein menschliches Unterfangen, also ist sie ebenso anfällig für Vorurteile und unreflektierte Überzeugungen wie jedes andere Wissensgebiet. Jahrelang teilten die Gehirnforscher eine Grundannahme in Bezug auf das Funktionieren des Gehirns: Es könne nicht verbessert werden. Man hatte ein Gehirn, das man in der Kindheit entwickelt hatte, und an irgendeinem Punkt im späteren Leben begann es nachzulassen. Die Wissenschaftler dachten, es gäbe keinen Weg, die Fitness des Gehirns zu verbessern, so wie wir etwa Muskeln und Gelenke trainieren können. Noch in den späten neunziger Jahren war dies ein Dogma, das von der medizinischen Forschung, einschließlich der Gerontologen, die mit Krankheiten wie Alzheimer zu tun hatten, nicht in Frage gestellt wurde.

Doch ergibt das wirklich einen Sinn? Schließlich existiert Ihr Gehirn in einer Art dualem Zustand: Es erschafft und fokussiert Ihr geistiges Leben, aber es ist auch Teil Ihres körperlichen Seins. Sollte es die einzige Körperregion sein, die von der nutzbringenden Wirkung von Sport, gesunder Ernährung, Meditation und emotionaler Kompetenz unbeeinflusst bleibt? Glücklicherweise ist die Antwort auf diese Frage nein. Das Gehirn, weit davon entfernt, das passive Informationsverarbeitungsinstrument zu sein, als das es von der Mainstream-Wissenschaft einige Jahrzehnte zuvor angesehen wurde, ist ein dynamisches, fließendes System, das unendlich anpassungsfähig ist, wenn Sie sich regelmäßig bemühen. Die verschiedenen Zentren des Gehirns sind verflochten mit einer Galaxie aus komplizierten Nervenfasern, Billionen Nervenzellen, die Hunderte von Billionen Verbindungen bilden. Dieses ungeheuer komplexe System ist dafür konzipiert, Signale zu empfangen und zu senden, also ist es nur vernünftig, daraus den Schluss zu ziehen, dass es darauf hin angelegt ist, sich an die Stärke und Beständigkeit dieser Signale anzupassen. Und es erweist sich tatsächlich, dass dies wahr ist, und das ist einer der aufregendsten Fortschritte in unserem Wissen über das Gehirn. Ihr Gehirn verfügt über eine bemerkenswerte Eigenschaft, die als Neuroplastizität bekannt ist.

Neuroplastizität bedeutet grundsätzlich, dass das physische Gehirn auf konstante, intensive Reize wie ein Muskel in der Weise reagiert, dass nicht nur neue neuronale Verbindungen gebildet werden, sondern im Grunde die Struktur des Gehirns verändert wird, um die eingehenden Signale effektiver zu nutzen. Das bedeutet, Ihr Gehirn ist niemals zu alt, um zu wachsen und sich an neue Aufgaben und Herausforderungen anzupassen. Es verfügt in der Tat über eine großartige Flexibilität.

Als Beispiel kann das Gehirn von Schnelllesern gelten. Im Gehirn einiger Menschen, die geschriebene Informationen in hoher Geschwindigkeit lesen und aufnehmen, kommt es mit der Zeit zu einer Veränderung im Gehirn, und zwar dergestalt, dass in den Bahnen, die von den Zentren der Verarbeitung optischer Informationen ausgehen und zu den Zentren des höheren Denkens führen, eine höhere Dichte an neuronalen Verbindungen entsteht – eine Art mentale Super-Autobahn, die es der rasch erworbenen Information erlaubt, schneller das Gehirn zu durchlaufen. Forscher haben ähnliche Veränderungen im Gehirn von Athleten und Handwerkern entdeckt.

„Nutze es oder verliere alles"

Wenn Sie Jahre damit verbringen, Ihre Gedanken mit geistigen Herausforderungen wie Griechisch zu lernen oder Saxofon zu spielen trainieren, ist es dann nicht wahrscheinlich, dass Ihr Gehirn geschmeidiger, reaktionsfähiger und schärfer ist? Ganz eindeutig können wir unser Gehirn trainieren, wie Sportler ihren Körper trainieren. Das Gehirn ist als ein Organ, das durch die Aufmerksamkeit, die wir ihm zuteilwerden lassen, verfeinert werden kann, einzigartig. Das ist das Potential, das wir in Neuroplastizität finden.

Gemäß den Ergebnissen der Bronx Aging Study, veröffentlicht 2003 im *New England Journal of Medicine*, haben Personen mit einem hohen IQ und einer besseren Ausbildung ein geringeres Risiko, Demenz zu entwickeln, wenn sie älter werden. Der Grund dafür könnte darin liegen, dass solche Menschen mit höherer Wahrscheinlichkeit Aktivitäten nachgehen, die das Gehirn fordern, oder dass sie durch genetische Vererbung über mehr neuronale Verbindungen verfügen – oder beides. In beiden Fällen hat ein aktiver Intellekt offenbar mehr gesunde Nervenzellen in Reserve, wenn durch natürlichen Abbau einige Gehirnzellen abgetötet werden. Das bestätigt den Gedanken „use it or lose it" – „nutze es oder es geht verloren". Wie bei jedem anderen Teil des Körpers, nehmen auch beim Gehirn die Fähigkeiten drastisch ab, wenn Sie nicht dafür sorgen, dass es aktiv bleibt.

Unseres Erachtens kommt in „use it or lose it“ allerdings nicht wirklich zum Ausdruck, wie wichtig es ist, dafür zu sorgen, dass das Gehirn aktiv bleibt, und von ihm das ganze Leben lang immer strikteren Einsatz zu verlangen. Eine treffendere Art, es zu formulieren, wäre: „Use it or lose everything“ – „nutze es oder verliere alles“. Wenn Sie älter werden, wird Ihr Gehirn in mancher Hinsicht abbauen. Das ist normal und Teil unseres evolutionären Erbes; man kann nichts tun, um es ganz zu vermeiden. Doch da so viel Ihrer Gehirnmasse ungenutzt ist, liegt es in Ihrer Macht, Ihr Gehirn durch disziplinier-tes Denken und Handeln so zu transformieren, dass Sie mit fortschreitendem Alter Reserven an Gehirnkapazitäten gebildet haben, um das, was Sie durch den Alterungsprozess, durch Stress und die Umwelt verlieren, wieder zu ersetzen.

Das Schreckgespenst Alzheimer

Wir können nicht realistisch über das alternde Gehirn reden, ohne die beängstigende Möglichkeit anzusprechen, an Alzheimer zu erkranken. Alzheimer ist nur eine Form der Demenz, einer Störung, die beispielsweise auch durch die Parkinson- oder Huntingtonkrankheit verursacht werden kann. Alzheimer wird jedoch aufgrund ihrer schrecklichen Symptome wie Verwirrung, Sprachschwierigkeiten, Erinnerungsprobleme, Paranoia und Wahnvorstellungen am meisten gefürchtet. Es ist im Wesentlichen eine Krankheit, die Sie Ihrer Identität beraubt.

In den letzten Jahren haben Neurowissenschaftler die wahrscheinliche Ursache dieses Leidens entdeckt: Ablagerungen eines Proteins namens Amyloid bauen sich langsam im Gehirn auf und töten gesunde Nervenfasern ab, indem sie ihre Nervenverbindungen zerstören. Diese Plaques konzentrieren ihren Angriff tendenziell in dem Bereich, der als Hippocampus bekannt ist, eine Region tief im Gehirn, die mit dem Gedächtnis zu tu hat, wie wir bereits im Zusammenhang mit sportlicher Betätigung diskutiert haben. Wenn die Plaques sich ausbreiten, unterbrechen sie das Funktionieren des Zentralnervensystems im Gehirn, indem sie nach und nach die Gehirnregionen zerstören, die für Gedächtnis und Persönlichkeit verantwortlich sind.

Dieser Tod bei lebendigem Leibe ist für viele ältere Menschen eine Quelle des Schreckens. Viele Menschen über fünfzig empfinden jedes Mal große Angst, wenn sie vergessen, wo sie ihre Schlüssel hingelegt haben. Eine gewisse Beeinträchtigung des Gedächtnisses ist normal, wenn wir älter werden; es bedeutet nicht, dass Sie Alzheimer haben. Doch der Schatten dieser furchtbaren Krankheit liegt über dem Leben von Senioren wie ein Leichentuch. Zumeist verlangsamen Medikamente das Fortschreiten der Krankheit, bewirken davon abgesehen aber kaum etwas. Stammzellentherapie ist vielversprechend, aber noch nicht verfügbar. Menschen gefällt es nicht, sich selbst als hilf- und hoffnungslos zu sehen, nicht in der Lage, Nahestehende zu erkennen. Glücklicherweise können wir alle viel tun, um ein solches Schicksal abzuwenden.

Die Antwort läuft wahrhaftig auf einen Rat hinaus: Suchen Sie immer nach neuen Erfahrungen. Neues ist ein Jungbrunnen für das Gehirn. Hier greifen wir auf eine Metapher aus der sportlichen Betätigung zurück: Wenn Sie mit einem Trainingsprogramm beginnen, finden Sie es anfangs vielleicht schwierig und Ihre Muskeln werden steif, als sei Ihr Körper schockiert wegen der plötzlichen Steigerung der Arbeitslast. Mit der Zeit gewöhnt sich Ihr Körper jedoch an die größere kardiovaskuläre Beanspruchung. Ihr Stoffwechsel beschleunigt sich, um der neuen Belastung gewachsen zu sein. Training ist kein Schock mehr. Sie gehen eine Stufe weiter. Allein dadurch, dass Sie neue Elemente in Ihr Training einbringen, können Sie anhaltende Ergebnisse erwarten.

Ebenso verhält es sich mit dem Gehirn. Wenn Sie Tag für Tag denselben Aktivitäten nachgehen, verfestigen sich Ihre Nervenbahnen sehr. Es gibt keinen Grund, dass sich neue Verbindungen bilden – warum sollten sie? Ihr Gehirn verfügt über alle Verbindungen, die es benötigt, um die Anforderungen zu bewältigen, die sie ihm auferlegen. Wenn Sie jedoch mehr vom Gehirn verlangen, wenn Sie Kreuzworträtsel lösen, Bücher lesen in Genres, die Sie nie zuvor gelesen haben, oder sich auf lebhafte politische Debatten einlassen, die Ihre vorgefassten Meinungen herausfordern, überraschen Sie Ihr Gehirn mit neuer Information. Es ist, als würden Sie einem Trainingsprogramm ein neues Element hinzufügen. Das Gehirn verfügt nicht über die „Verdrahtung", um diese neuen Fragen und Reize zu verarbeiten, also muss es gezwungenermaßen neue Verbindungen bilden. Heraus kommen die neuen neurologischen Straßenbautrupps, um neue Elektrokabel von einer Region der Großhirnrinde zur anderen zu verlegen. Frische Nervenverbindungen „zünden" elektrochemische Botschaften. Ihre Gehirnaktivität steigt. Dies ist das einzige Geheimnis, auf das es ankommt: das Geheimnis, bis in das achte, neunte Lebensjahrzehnt hinein einen jugendlicheren, agileren Geist zu haben. Fordern Sie Ihr Gehirn einfach jeden Tag auf neue Art und Weise heraus.

Fragen Sie Ihr Gehirn

Ihr Gehirn verfügt über unendliche Kreativität, doch die meisten von uns fordern nicht genug von ihm. Solange unser Gehirn nicht gezwungen wird, eine Antwort auf eine neue Frage zu suchen, ist es faul. Das Gehirn verwendet nur früher erworbene Informationen, um den Aufgaben des täglichen Lebens zu begegnen. Wenn Sie jedoch etwas Neues von Ihrem Gehirn verlangen, schalten Sie es in einen hohen Gang. Ihr Gehirn sucht nach neuen Informationen und verknüpft Ideen und Möglichkeiten in einem komplexen Netz von Informationselementen, welche die Grundlage von Kreativität und Innovation bilden. Von Ihrem Gehirn zu verlangen, neuen Aktivitäten nachzugehen, ist der Schlüssel dazu, die eigene Leistung zu steigern, wenn Sie alt werden.

Denken Sie an große menschliche Erfindungen: das Flugzeug, den Computer, die Technologie, die es ermöglicht hat, zum Mond zu fliegen. Sie alle begannen mit einfachen Fragen: „Ist es möglich, das zu tun? Wie kann ich es tun?“ Wenn Sie Ihrem Gehirn erst einmal Fragen stellen, beginnt dieses wunderbare Organ, nach Quellen für Antworten zu suchen. Ihr Gewahrsein dehnt sich aus, während Ihr Gehirn nach Informationen und Ideen auf unzähligen Wegen sucht: Bücher, Zeitungen, das Internet, Gespräche mit Freunden, Tagträume, frühere Erfahrungen und mehr. Alles in Ihrer Welt wird zu einer möglichen Quelle für Antworten auf Ihre Fragen. Mehr noch, Ihr Gehirn nimmt nicht nur Informationen auf, die sich auf Ihre Fragen beziehen, sondern behält auch Informationen im Gedächtnis, auf die Sie zufällig stoßen und die für Sie zu einem späteren Zeitpunkt von Interesse sein könnten, so dass eine Frage unter Umständen ein Dutzend spätere Untersuchungen zu Themen hervorbringt, die von Kosmologie bis Cabernet-Weine reichen.

Wieder können Sie erkennen, wie Ihre Zielsetzung die Funktionsweise Ihres Gehirns formt. Wenn Sie Ihrem Gehirn schwierige Fragen stellen und darauf vertrauen, dass es Ihnen die Antworten liefert, erweitern Sie Ihre geistige Welt. Ihr Gehirn antwortet auf Ihre Fragen wie Ihr Körper auf ein Training. Unser Gehirn ist eine Maschine des

Erforschens und Vorstoßens ins Unbekannte. Haben Sie sich jemals gefragt, warum die Menschen so versessen auf Entdeckungen sind? Warum wir seit Jahrhunderten gefährliche Meere umsegelt haben, auf der Suche nach neuen Arten durch unwegsame Dschungel gestreckt sind und unser Leben riskiert haben, indem wir in lichtlose Höhlen hinabstiegen, die noch nie zuvor ein Mensch betreten hat? Deswegen, weil wir darauf hin angelegt – „verdrahtet" – sind, Neues zu suchen und zu entdecken. Unser Gehirn verlangt es. Um es wahrhaft am Leben zu erhalten, müssen wir viel von ihm verlangen.

Holen Sie Ihr Rätselheft heraus

Glücklicherweise können Sie das Risiko altersbedingter Demenz reduzieren, indem Sie ein paar ganz einfache, angenehme Dinge tun. Jegliche Aktivität, die Ihr Gehirn zwingt, etwas herauszufinden, verringert die Wahrscheinlichkeit, eine Form von Demenz zu entwickeln, und zwar dadurch, dass sie Ihr Gehirn dazu bringt, neue Nervenzellen zu erzeugen. Tanzen, das von Ihnen verlangt, sich auf die Musik zu konzentrieren, während Sie die Füße bewegen, verringert um 75 Prozent das Risiko, an Alzheimer zu erkranken, so eine in *U. S. News & World Report* zitierte Studie. Viele andere Aktivitäten, die dem Gehirn zugutekommen, sind überraschend alltäglich: Stricken, Gärtnern, Reisen zum Beispiel. Was Ihr Gehirn zwingt, Entscheidungen zu treffen, Ihre Bewegungen zu koordinieren oder strategisch zu denken, hilft Ihrem Gehirn, gesund zu bleiben. Das Wichtige ist, dass Sie eine große Vielfalt an Aktivitäten ausführen, die verschiedene Teile Ihres Gehirns stimulieren.

Zu den besten Optionen gehören jene, welche Ihr Gehirn wirklich einen höheren Gang einlegen lassen: neue Bücher lesen,

Schach spielen, schwierige Kreuzworträtsel lösen, ein Musikinstrument, eine Fremdsprache oder eine neue Fertigkeit zu lernen, wie zum Beispiel das Segeln oder Zimmern. Dies alles sind großartige Quellen, aus denen das Gehirn Vorteile ziehen kann. Schon allein eine unabhängige Handbewegung zu entwickeln, die erforderlich ist, um gekonnt Klavier zu spielen, vernetzt Ihr Gehirn in vielerlei Hinsicht neu, ganz zu schweigen von der Gymnastik, die Ihr Gehirn durchläuft, wenn Sie die diatonische Tonleiter lernen und an den Unterschied zwischen erhöhten oder erniedrigten Halbtönen denken.

All diese Information stützt die Vorstellung, dass ältere Menschen niemals wirklich im Ruhestand sein sollten, wenn sie geistiges und körperliches Wohlbefinden bis ins fortgeschrittene Alter bewahren wollen. Es ist eine Sache, nicht mehr berufstätig zu sein – die meisten von uns hätten natürlich gern die Freiheit, Ihre Zeiteinteilung selbst bestimmen zu können. Vergleichen wir aber Männer und Frauen im siebten Lebensjahrzehnt, die aktiv bleiben und nach Beendigung ihres Berufslebens Herausforderungen suchen, andererseits mit jenen, die auf der Veranda im Schaukelstuhl oder vor dem Fernseher sitzen, dann ist der Unterschied sehr deutlich. Wollen Sie Ihr Gehirn und Ihren Geist im Alter vital erhalten, dann gründen Sie ein Unternehmen, betätigen Sie sich ehrenamtlich oder suchen Sie sich neue Hobbys, Sportarten und Liebhabereien. Wollen Sie hingegen sehen, wie Ihr Geist verkümmert und ins Stottern gerät, dann ziehen Sie sich aus dem Berufsleben zurück und werden Sie ein passiver Beobachter des Lebens, fest verhaftet in Ihrer Routine.

Der Lohn des Alters

Natürlich zeigt uns die Wissenschaft auch, dass das Alter mehr ist als eine Abfolge von Gehirnausfällen, die nur durch emsiges Bemühen und besseres Erkennen verhindert werden können. Die Zeit schenkt dem Gehirn auch subtile, aber bedeutungsvolle positive Veränderungen, erworben durch jahrelange Erfahrung, die zur Lebensqualität beitragen. Dr. Gene Cohen, Gründer und Leiter des Center on Aging, Health und Humanities am George Washington University Medical Center, hat entdeckt, dass die Veränderungen, die mit dem Alter einhergehen, Erwachsene besser in die Lage versetzen, wie er schreibt, ihre „eigenen Träume zu erfüllen".

Cohen fand heraus, dass die Verarbeitungsgeschwindigkeit von Nervenzellen zwar abnimmt, wenn sie altern, aber dennoch haben sie weit mehr gelernt als ein junges Gehirn. Dieses Lernen stellt sich physisch dar als das dichte Labyrinth neuronaler Verbindungen, das in einem älteren Gehirn zu sehen ist. Cohen schreibt: „Immens vergrößert, ähnelt das Gehirn eines geistig aktiven Fünfzigjährigen einem dichten Wald ineinander greifender Äste, und diese Dichte spiegelt sowohl das tiefere Wissen als auch das bessere Urteilsvermögen wider. Darum ist Alter ein solcher Vorteil in Gebieten wie der Buchbranche, im Rechtswesen, in der Medizin, im Coaching und im Management. Nichts ersetzt erworbenes Lernen."

Sie könnten dies als Erwerben von Weisheit bezeichnen. Cohen weist darauf hin, dass unser Gehirn mit zunehmendem Alter in mancherlei Hinsicht weniger starr und insgesamt anpassungsfähiger wird, so dass das lineare Denken der linken Gehirnhälfte und die Kreativität der rechten Gehirnhälfte nicht mehr so getrennt sind, wie sie einmal waren. Ältere Menschen nutzen tendenziell beide Seiten des Gehirns stärker, um Probleme zu lösen, und sind besser darin,

Intuition mit Fakten zu verschmelzen, um zu einer Schlussfolgerung zu gelangen. Es hat einen guten Grund, weshalb die meisten Geschäftsführer über fünfzig sind: Sie vertrauen ihrem Bauchgefühl, stützen sich aber zur Bestätigung auch auf ihre Logik.

Überdies haben Forschungen ergeben, dass das Gehirn Älterer eine höhere emotionale Gelassenheit zeigt. Der aus evolutionärer Sicht alte Teil des Gehirns, der auf jegliches Unbekannte eine Angstreaktion auslöst, wird weniger aktiv und positive Gefühle treten tendenziell an die Stelle der negativen Einstellungen. Dies ist zweifellos die Quelle emotionaler Reife und hängt mit dem zusammen, was unter anderem den größten Lohn der späteren Jahre ausmacht: tiefere, erfüllendere persönliche Beziehungen.

Studien haben ergeben, dass Menschen, die im letzten Lebensdrittel über ein starkes soziales Netzwerk verfügen, länger leben, weniger unter Gesundheitsproblemen leiden und eher das Gefühl haben, es ginge ihnen gut, als jene, die über kein solches Netzwerk verfügen. Mit anderen zusammen zu sein ist großartig für Ihre Gesundheit und Ihr Gehirn. Einer der Gründe hierfür ist die schädliche Wirkung, die Stress, Depression und soziale Isolation auf das Gehirn haben. Chronischer Stress erzeugt einen erhöhten Wert des Hormons Cortisol, was sogar zum Schrumpfen der Gedächtniszentren im Gehirn führt und Gedächtnisneuronen abtötet. Auf der anderen Seite hat eine neuere UCLA-Studie gezeigt, dass Frauen jeden Alters, wenn sie zusammenkommen, mehr von dem Hormon Oxycotin produzieren, was Gefühle der Verbundenheit und der Zusammengehörigkeit auslöst. Tiefe, befriedigende Beziehungen mit einem Freundeskreis, der auf Jahrzehnte zurückblicken kann, mit Gefährten aus spirituell ausgerichteten Zentren und Aktivistenorganisationen oder mit Familienmitgliedern haben die magische Wirkung, Stress zu erleichtern und angenehme Gefühle zu erzeugen, die Ihr Gehirn in Gesundheit baden.

Gehirnflexibilisierung

Der zweite Schritt von BEST, Gehirnflexibilisierung, ist ein Prozess, der Sie dabei unterstützen soll, schneller und effektiver ein flexibles und dynamisches Gehirn zu entwickeln als durch Kreuzworträtsel und Kreuzstichstickerei.

Bei der Gehirnflexibilisierung geht es darum, Ihr Gehirn dazu herauszufordern, neue Aufgaben zu bewältigen und anpassungsfähiger und flexibler zu werden. Durch diese Praxis werden sie von starren Gewohnheiten und Denkweisen befreit und stehen neuen Informationen offener gegenüber. Ihr Gehirn wird ein facettenreiches Instrument, das Ihren Anweisungen nachkommt. Einer der größten Vorteile, die daraus erwachsen, ist die Tatsache, dass Sie zerstörerische Gewohnheiten durchbrechen können, wie das Rauchen, die Beherrschung zu verlieren oder sich ungesund zu ernähren. Gewohnheiten sind schwer zu überwinden, da sie im Gehirn fest verdrahtet in jenen tief eingeprägten Bahnen verlaufen, die wir bereits an anderer Stelle erwähnt haben. Doch in der Gehirnflexibilisierung brechen Sie diese Bahnen auf und umgehen sie mit neuen. Auf einer fortgeschrittenen Ebene sind Sie sogar in der Lage, tief verwurzelte Voreingenommenheit und Vorurteile zu verändern, um einen offeneren Geist zu entwickeln. Welch ein Geschenk! Sie werden feststellen, dass Ihre kognitive Erfahrung erweitert ist und das Erlernen neuer Aufgaben fast automatisch geschieht. Ihr Gewahrsein wird sich erweitern, während Sie Regionen Ihres Gehirns aktivieren, die jahrelang weitgehend untätig waren. Wir bezeichnen dies als Erweiterung des Bewusstseinsfensters.

Graue Zellen: Was Sie sonst noch für Ihr Gehirn tun können

• Achten Sie auf Details

Achten Sie mehr auf Feinheiten in Dingen und Menschen – die Schattierungen und die Pinselführung in zwei Gemälden, das fruchtige Aroma in einem guten Wein oder die Körpersprache zweier Personen, die sich am anderen Ende des Raumes unterhalten. Auf Details zu achten ist ein fabelhaftes Training für das Gehirn.

• Reisen

Fremde Orte und Situationen mögen vielleicht bewirken, dass Sie sich unwohl fühlen, doch genau das ist der springende Punkt. Mit fremden Sitten zurechtzukommen, zu versuchen, die einheimische Sprache zu sprechen und etwas über neue kulturelle Besonderheiten zu lernen – das alles trägt Ihnen Pluspunkte von Ihrem Cortex ein.

• Weichen Sie von Ihrer Routine ab

Tun Sie Dinge nicht rein mechanisch. Wenn Sie seit zwanzig Jahren eine Routine befolgen, durchbrechen Sie sie. Das kann etwas so Einfaches sein, wie die Reihenfolge zu ändern, in der Sie Ihre Körperteile waschen, wenn Sie unter der Dusche stehen.

• Treffen Sie kluge Leute

Sprechen Sie mit klugen Menschen – führen Sie echte Gespräche. Lassen Sie sich auf Debatten ein, die Ihre politischen oder religiösen Ansichten herausfordern und Sie zwingen, die Ansichten anderer zu sehen. Stellen Sie Fragen, diskutieren Sie Themen. Ideenaustausch zwingt Ihren Geist, Fragen zu stellen, und das ist gut.

• Ein verschlagener Blick

Kein Scherz! Wissenschaftler an der Universität Toledo haben Folgendes herausgefunden: Wenn Sie zwanzig Sekunden lang Ihre Augen hin und her bewegen wie ein Dieb, der nach seinem nächsten Opfer Ausschau hält, stimulieren Sie die Frontallappen Ihres Gehirns, die für das Gedächtnis zuständig sind. Die Forscher bezeichnen es als visuelles Ping-Pong. Wir bezeichnen es als effektiv.

Übungen für die Ausgewogenheit des Gehirns

Diese Übungen veranlassen beide Gehirnhälften, zusammenzuarbeiten. In jedem Alter neigen wir dazu, eine Seite des Körpers zu bevorzugen, was dazu führt, dass die Nutzung einer Gehirnhälfte vernachlässigt wird. Diese Übungen werden Sie vor die Herausforderung stellen, die nicht dominante Seite Ihres Gehirns zu nutzen. Durch sie werden Sie neue Nervenverbindungen entwickeln, die für andere geistige Aufgaben, wie das Erinnerungsvermögen und den Prozess des Lernens, genutzt werden können.

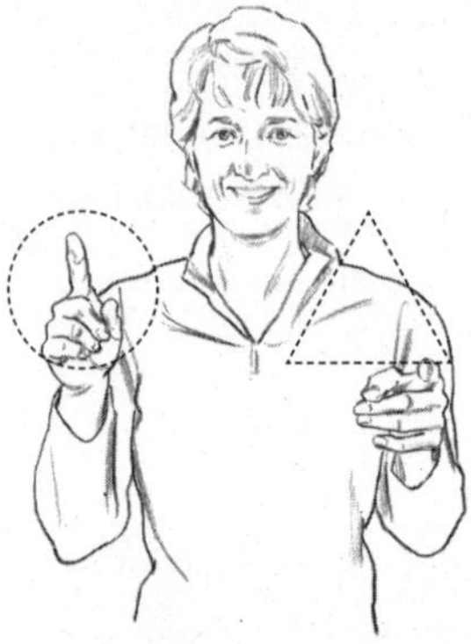

DREIECK, KREIS, VIERECK

Wenn Sie zwei Dinge gleichzeitig tun, fordern Sie von verschiedenen Teilen Ihres Gehirns, zusammenzuarbeiten.

1 Zeichnen Sie mit Ihrer linken Hand einen Kreis in die Luft und ein Dreieck mit Ihrer rechten Hand, und zwar kontinuierlich mit beiden Händen gleichzeitig.
2 Als Nächstes wechseln Sie die Hände: Zeichnen Sie ein Dreieck mit Ihrer linken Hand und einen Kreis in umgekehrter Richtung mit Ihrer Rechten.
3 Wechseln Sie die Hände und wiederholen Sie die Übung. Wenn Sie das Zeichnen eines Kreises und eines Dreiecks beherrschen, versuchen Sie, ein Viereck und ein Dreieck zu zeichnen.

KLOPFEN UND STREICHEN SIE

Dies ist ein bisschen wie das alte Kinderspiel, bei dem man auf den Kopf klopfen und gleichzeitig den Bauch reiben soll.

1 Klopfen Sie mit ihrer rechten Faust auf Ihre rechte Brust, während Ihre linke Hand auf der linken Seite auf und ab streicht.
2 Wechseln Sie nun die Seiten, so dass Ihre rechte Hand streicht und die linke Faust klopft.
3 Finden Sie heraus, wie schnell Sie hin- und herwechseln können.

DAUMEN UND KLEINER FINGER

Folgen Sie dieser Bewegung mit den Augen für ein gutes Augentraining und eine Herausforderung Ihres Gehirns, die Spaß macht.

1 Formen Sie mit den Händen eine Faust und strecken Sie die Arme vor der Brust aus. Blicken Sie auf Ihre Finger.
2 Weisen Sie mit Ihrem linken Daumen und Ihrem rechten kleinen Finger nach links. Nun weisen Sie mit Ihrem rechten Daumen und dem linken kleinen Finger nach rechts.
3 Wechseln Sie zwischen links und rechts hin und her. Finden Sie heraus, wie schnell Sie hin- und herwechseln können.

WECHSELNDE FINGERZÄHLUNG

Diese Übung steigert die Geschwindigkeit des Gehirns und ist auch eine gute Streckübung für Finger und Hände.

1 Halten Sie Ihre Hände mit ausgestreckten Fingern vor Ihrer Brust.
2 Klappen Sie Ihren Daumen an der rechten Hand nach innen ein, während Sie Ihren linken Daumen voll ausgestreckt halten.
3 Nun falten Sie auch den Zeigefinger der rechten Hand ein und den Daumen der linken Hand.
4 Fahren Sie fort, nacheinander jeweils einen Finger nach innen einzuklappen, bis sie alle eingeklappt sind.
5 Beginnen Sie dann von vorn, indem Sie rückwärts zählen, und wiederholen Sie dies vier- bis fünfmal.

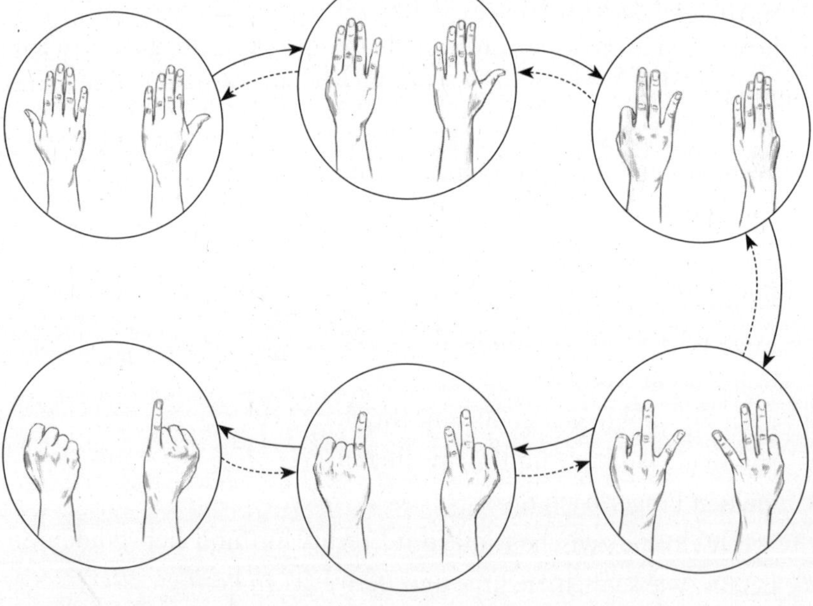

SCHNICK, SCHNACK, SCHNUCK – STEIN, PAPIER, SCHERE

Bis Sie diese Übung beherrschen, wird es ein bisschen dauern, also haben Sie Geduld! Versuchen Sie, diese Übung zu machen, wenn Sie Schlange stehen oder in einem Wartezimmer sitzen, als Methode, Ihr Gehirn zu entwickeln, während Sie sich die Zeit vertreiben.

1 Üben Sie, die Zeichen für Stein, Papier und Schere aus dem alten Kinderspiel mit den Händen zu bilden. Stein ist eine geschlossene Faust, Papier ist eine flache Hand mit nach unten weisender Handfläche, Schere sind zwei ausgestreckte Finger. Praktizieren Sie mit jeder Hand, bis Sie das Gefühl haben, dass die Bewegungen natürlich vonstattengehen.
2 Nun bilden Sie die Zeichen mit beiden Händen, wobei die rechte Hand das Zeichen zeigt, mit dem das Zeichen der linken Hand „besiegt" wird.

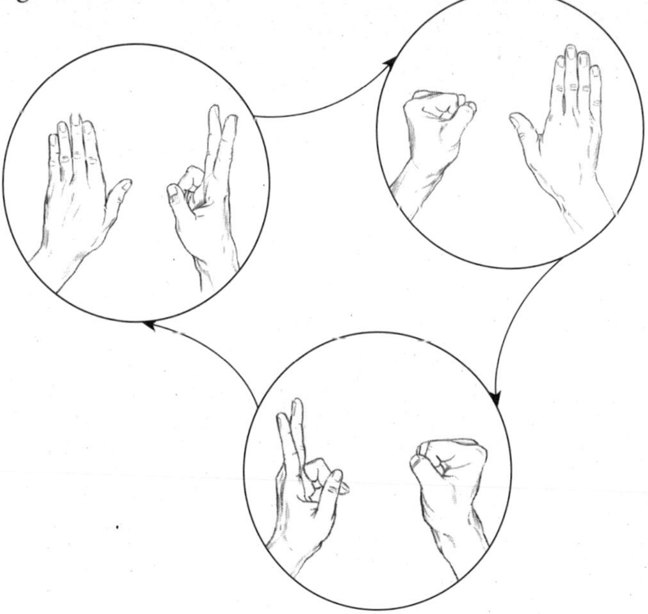

Übungen für das Gleichgewicht des Körpers

Da das Gleichgewicht eine Fähigkeit des Gehirns ist, die mit dem Alter leicht abnehmen kann, ist es wichtig, diese Art von Balance-Übungen zu praktizieren. Wenn Sie bewusst an Ihrem Gleichgewichtssinn arbeiten, können Sie viel tun, um die altersbedingte Verschlechterung der Balance zu verlangsamen oder sogar rückgängig zu machen.

TRIUMPHIERENDER BAUM

Um die Balance besser halten zu können, konzentrieren Sie sich auf den Punkt unmittelbar unterhalb des Nabels. Dies ist der zentrale Punkt Ihres Körpers und daher auch der Schwerpunkt.

1. Stellen Sie sich hin, die Füße zusammen und die Hände in Gebetshaltung aneinander gelegt.
2. Bringen Sie langsam einen Fuß nach oben, indem Sie die Fußsohle so hoch wie möglich auf den inneren Oberschenkel auflegen. Drücken Sie Ihr Knie seitlich nach außen. (Sollte das zuerst schwierig sein, legen Sie den Fuß weiter unten an das Bein.) Bleiben Sie zehn Sekunden lang in dieser Haltung und wechseln Sie dann die Seiten.

FURCHTLOSER FLIEGER

Diese Übung kann schwierig sein. Beginnen Sie daher langsam und arbeiten Sie sich vor bis zur vollständigen Stellung.

1 Beginnen Sie im Stehen, die Füße zusammen, die Hände an den Seiten. Beugen Sie sich nach vorn und legen Sie die Hände auf den Boden. Die Knie können leicht gebeugt sein.
2 Heben Sie ein Bein an, so dass Sie auf einem Bein stehen.
3 Strecken Sie langsam das balancierende Bein gerade aus, während Sie langsam die Arme seitlich ausbreiten. Der Körper soll dabei in einem 90-Grad-Winkel nach vorn gebeugt sein, die Arme seitlich abgespreizt, und das andere Bein gerade nach hinten weisen. Bleiben Sie zehn Sekunden in dieser Haltung.

Alternative: Beginnen Sie, indem die Hände auf einem Tisch oder einem Stuhl liegen und nicht auf dem Boden.

Übungen zur Körper-Gehirn-Koordination

Diese Übungen ähneln den Übungen für die Ausgewogenheit des Gehirns, denn auch sie beinhalten die Koordination der linken und rechten Gehirnhälfte. Nun ist der ganze Körper beteiligt, was die Koordination vieler Teile des Gehirns gleichzeitig erforderlich macht. Sie werden feststellen, dass Sie eine dominierende Körperseite haben, genauso, wie Sie eine dominierende Hand haben. Nutzen Sie diese, um die nicht dominierende Seite Ihres Gehirns wieder zu wecken, damit sich die Koordination mit Ihrem Körper verbessert.

ENTGEGENGESETZTES SCHULTERKREISEN

Abgesehen davon, dass diese Übung eine Herausforderung für das Gehirn ist, trägt sie dazu bei, die Schultergelenke zu öffnen und beweglicher zu machen.

1 Strecken Sie Ihre Arme gerade nach vorne aus. Die Handflächen liegen sich gegenüber.
2 Kreisen Sie mit einem Arm im Uhrzeigersinn, während der andere Arm entgegen dem Uhrzeigersinn kreist.
3 Wechseln Sie die Richtung und wiederholen Sie die Übung.

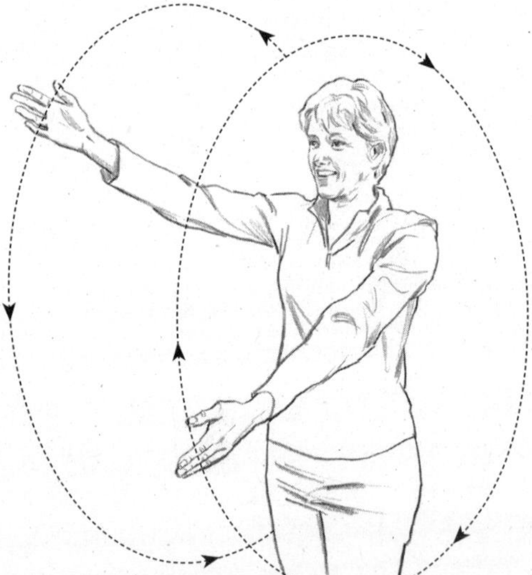

SCHNELLES KLATSCHEN

Dies ist eine hervorragende Übung am Morgen, um Ihr Gehirn zu wecken. Das Geräusch und die Bewegung werden Ihr Gehirn anregen.

1 Klatschen Sie einmal hinter Ihrem Kopf.
2 Klatschen Sie einmal hinter Ihrem Rücken.
3 Klatschen Sie einmal vor der Brust.
4 Wiederholen Sie diese Abfolge zehnmal so schnell wie möglich.

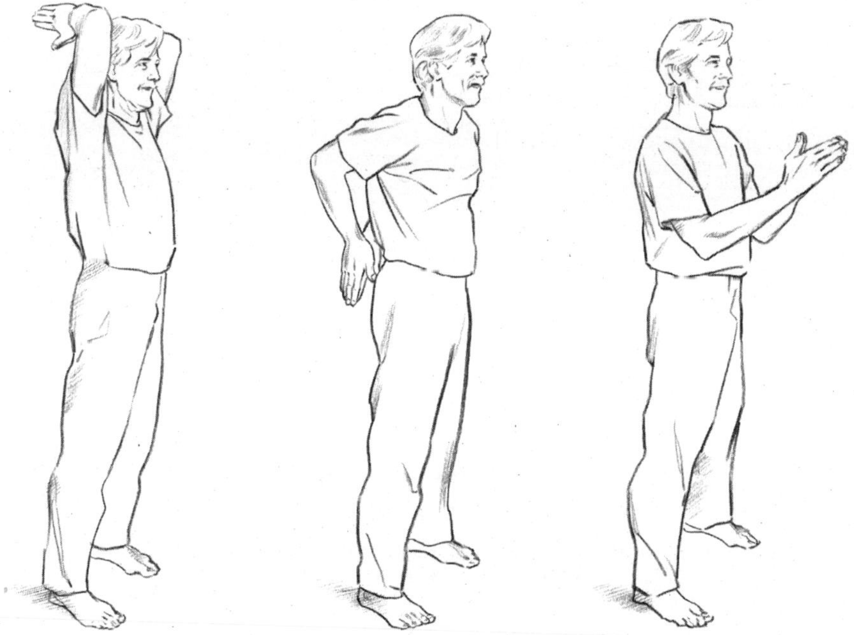

KOORDINATIONSÜBUNG MIT DEM UNENDLICHKEITSZEICHEN

Das Unendlichkeitszeichen wird hier eingesetzt, weil es durch seine kurvige Form beruhigend auf den Geist wirkt und auch die Balance fördert.

1 Heben Sie Ihren Daumen (nach oben weisend) auf Augenhöhe an und halten Sie ihn an einem Punkt zwischen den Augen so, dass er von Ihrem Gesicht weg weist. Beugen Sie etwas den Ellenbogen, so dass Ihr Arm entspannt ist. Zeichnen Sie die Form des Unendlichkeitszeichens (eine liegende Acht) mit Ihrem Daumen in die Luft, langsam und bedächtig, ganz auf die Bewegung Ihres Daumens konzentriert. Halten Sie Ihren Kopf still und folgen Sie Ihrem Daumen nur mit den Augen. Wiederholen Sie die Übung drei- bis fünfmal.
2 Wiederholen Sie das Ganze mit der linken Hand.
3 Sie können auch beide Hände verwenden. Verschränken Sie die Hände mit überkreuzten Daumen. Richten Sie die Aufmerksamkeit auf den Punkt, wo sich die Daumen überschneiden, und zeichnen Sie die Form des Unendlichkeitszeichens nach.
4 Wenn Sie lange am Schreibtisch sitzen und oft Schulter- und Nackenverspannungen haben, ist dies eine gute Übung, um die Spannungen zu lindern und die Konzentration zu fördern.

SPIRALTANZ

Dies ist eine großartige Übung zur Koordination von Geist und Körper, die auch alle Gelenke des Körpers in Bewegung bringt.

1 Legen Sie einen kleinen Pappteller auf Ihre rechte Hand. Tragen Sie ihn auf der Handfläche, ohne die Finger zu benutzen. Stellen Sie die Beine schulterbreit auseinander und legen Sie die linke Hand auf die Hüfte.
2 Beugen Sie den Arm nach innen unter die Achselhöhle. Halten Sie dabei die Handfläche nach oben gewandt, so dass der Teller darauf balanciert wird. Schwingen Sie den Arm nach oben, zur Stirn und über den Kopf, wodurch Sie eine spiralförmige Bewegung erzeugen. Bewegen Sie die Hüften so, wie es nötig ist, um die Bewegung zu vereinfachen.
3 Kehren Sie zur ursprünglichen Haltung zurück, indem Sie eine abwärtsgerichtete Spiralbewegung machen. Wiederholen Sie dies fünf- bis zehnmal.
4 Wechseln Sie mit dem Pappteller zur linken Hand und beginnen Sie mit derselben Spiralbewegung auf der linken Seite. Wiederholen Sie dies fünf- bis zehnmal. Wechseln Sie die Richtung und wiederholen Sie das Ganze fünf- bis zehnmal.

Übungsvariante für Fortgeschrittene: Wenn die Bewegung auf beiden Seiten ziemlich flüssig vonstatten geht, legen Sie Pappteller auf beide Hände und versuchen, die Bewegung auf beiden Seiten gleichzeitig durchzuführen.

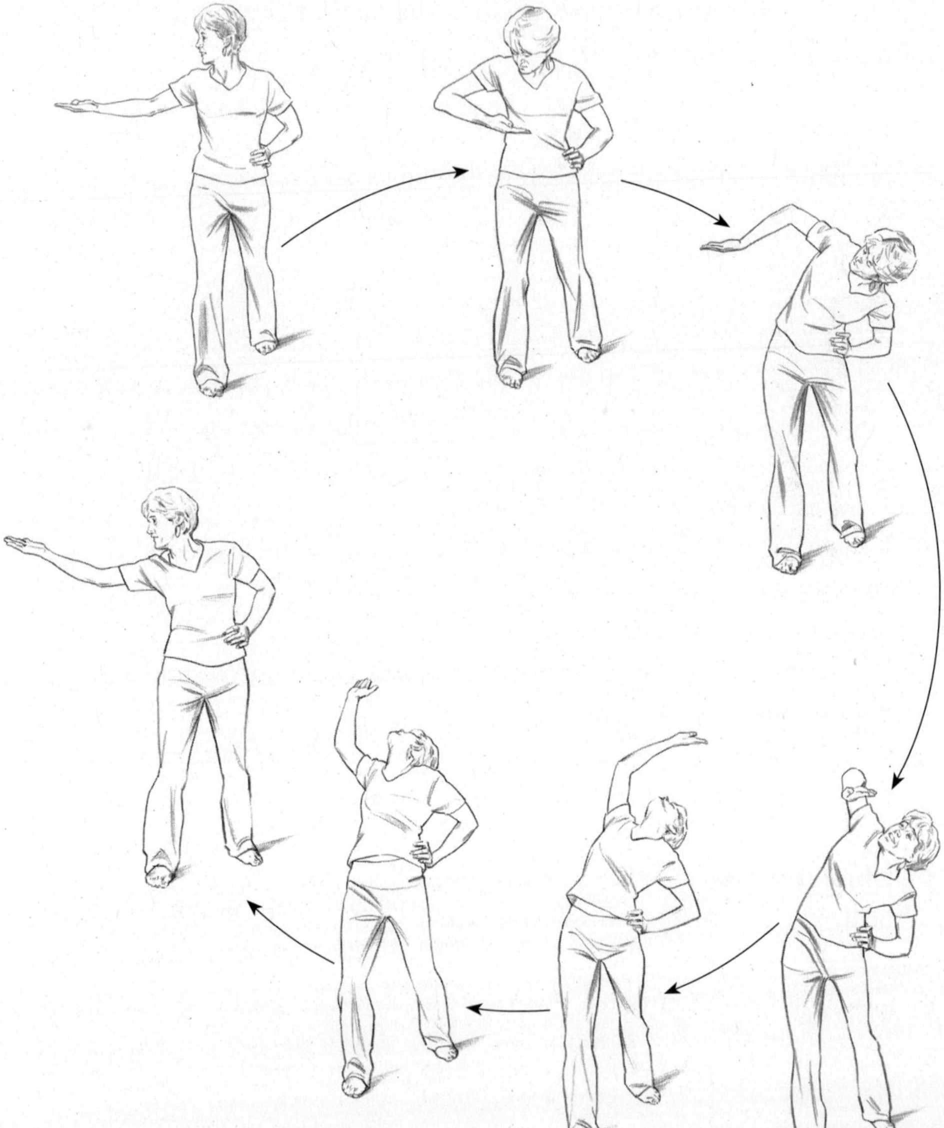

Übungen für die Flexibilität des Gehirns

Die folgenden Übungen sollen Ihnen helfen zu lernen, leicht und schnell die Perspektive zu wechseln. Normalerweise haben wir viele Assoziationen und vorgefasste Meinungen über so ziemlich alles, was wir ansehen. Probieren Sie diese Spiele aus und Sie werden „über den Tellerrand schauen".

NEUBENENNUNGSSPIEL

Schauen Sie sich im Zimmer um und benennen Sie die Dinge neu, die Sie sehen. Geben Sie jedem Ding einen Namen, der normalerweise zu etwas anderem gehört. Nennen Sie zum Beispiel das Fenster „Hamburger" und einen Stift „Pferd". Die einzige Regel ist, dass die neue Bezeichnung mit dem Objekt in keiner Weise in Zusammenhang stehen darf, mit anderen Worten: Das Fenster sollte nicht „Tür" und der Stift nicht „Füller" genannt werden. Damit es mehr Spaß macht, spielen Sie es mit einem Freund oder einer Freundin. Wechseln Sie sich damit ab, auf Dinge zu weisen, die benannt werden sollen, und vergeben Sie Punkte für jeden richtigen (das heißt nicht mit dem Ding in Beziehung stehenden) Namen.

DEN VERWENDUNGSZWECK ÄNDERN

Werfen Sie einen Blick auf die Dinge in Ihrem Zuhause. Wahrscheinlich haben Sie viele Geräte und Gegenstände, die spezielle Funktionen erfüllen – eine Schere zum Schneiden, einen Hammer zum Hämmern, Löffel zum Umrühren usw. Sehen Sie noch einmal hin und fragen Sie sich, welche Aufgaben diese Objekte außer dem ihnen zugedachten Zweck sonst noch erfüllen könnten. So könnte eine CD beispielsweise als Lesezeichen dienen, als Gebäckschneider oder als Frisbee. Ein Paar Nylonstrümpfe könnte als Knoblauchbehälter, ein Katzenspielzeug oder zum Auftragen von Farben verwendet werden. Spielen Sie mit einer Freundin oder einem Freund und sehen Sie, wem die längste Liste für jeden Gegenstand einfällt.

DIE SINNE VERSCHIEBEN

Versuchen Sie, bei einem Spaziergang Ihren Fokus von einem Sinnesorgan auf das andere zu verschieben. Normalerweise sind wir es gewöhnt, uns auf jene Informationen zu stützen, die dem Gehirn vor allem über die Augen vermittelt werden. Diese Gewohnheit beraubt Ihr Gehirn jedoch der Möglichkeit, während des ganzen Lebens die vollständige Palette der Sinne zu entwickeln und zu erhalten.

Statt sich also nur auf visuelle Informationen zu konzentrieren, versuchen Sie, den Fokus auch auf Ihre anderen Sinne zu legen – jeweils einen nach dem anderen. Versuchen Sie, sich auf Ihre Ohren einzustellen und so viele verschiedene Geräusche wie möglich zu erkennen. Gehen Sie dann ebenso mit Ihrem Tastsinn vor: Spüren Sie die Brise auf Ihrer Haut und die Sonnenwärme, die Ihren Körper durchdringt. Fahren Sie mit Ihrem Geruchssinn und sogar dem Geschmackssinn fort. Dies wird verschiedene Regionen Ihres Gehirns stimulieren und dazu beitragen, dass Ihre Spaziergänge interessant und neu bleiben.

RECHTS- UND LINKSHÄNDIG

Was ist mehr im Gehirn verankert als Links- oder Rechtshändigkeit? Um Ihr Gehirn wirklich herauszufordern, versuchen Sie, alles mit der nicht dominierenden Hand zu tun, einschließlich schreiben. Zunächst mag es schwierig sein, aber Sie werden spüren, wie sich

Ihre Fähigkeit steigert, einen anderen Teil des Gehirns zu nutzen, ebenso wie sich Ihre Koordination verbessert.

KREATIVE FORMEN

Sehen Sie sich diese Formen einmal an. Wie viele verschiedene Formen sehen Sie? Wenn Sie meinen, drei, sehen Sie noch einmal hin. Denken Sie an die Dinge, an die Sie diese Formen erinnern – vielleicht ist das Viereck ein Fernseher und der Kreis ein Cent. Zeichnen Sie über die folgenden Formen, um sie in etwas Neues zu verwandeln.

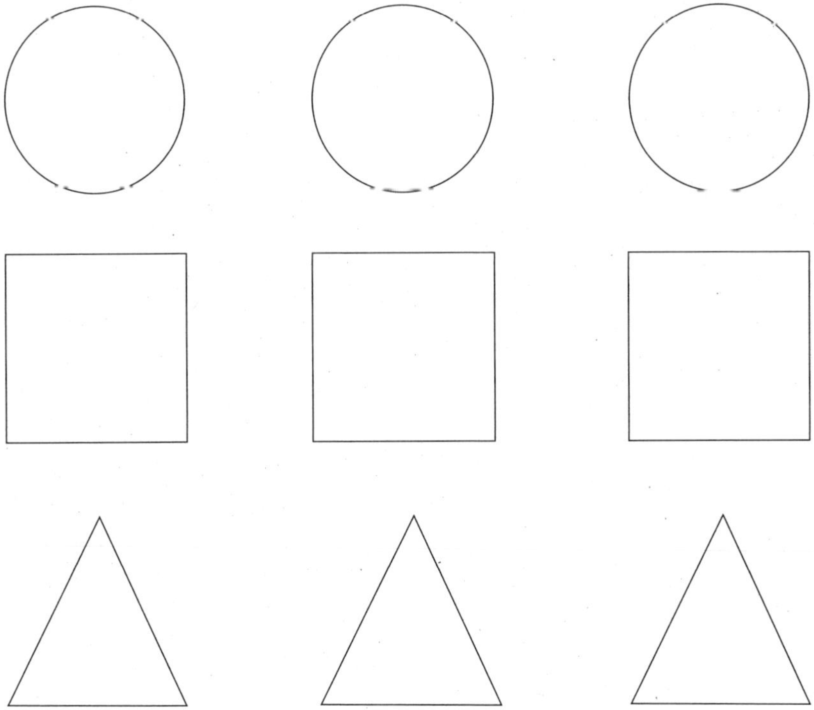

Kapitel 3

Ihr aufgefrischtes Gehirn

„Gefühle entstehen im Verlangen und werden mit der Vernunft ins rechte Maß gebracht; Tugenden sind Folgen der Vernunft, die sich in vernünftigen Bewegungen des Verlangens vollenden. Ausgeglichene Emotionen sind eine Folge der Tugend, nicht ihr Wesen."

Thomas von Aquin

Thema dieses Kapitels ist das Auffrischen des Gehirns, der Prozess, negative emotionale Reste freizugeben und vergangene Traumata loszulassen. Die Ziele: ein positiver Geisteszustand und größere, produktivere Kontrolle über die eigenen Gedankenmuster.

Negative Gedankenmuster sind eine der Hauptursachen für Stress und Stress ist das am meisten verbreitete mentale Problem unserer Zeit. Vor Hunderttausenden von Jahren entwickelten unsere Hominidenvorfahren Stressreaktionssysteme, die darauf ausgerichtet waren, ihren Körper angesichts einer Bedrohung – zum Beispiel eines angreifenden Bären oder einer gefährlichen Jagd nach Wild – mit starken Hormonen zu durchfluten. Diese Chemikalien erzeugten eine Welle sehr nützlicher körperlicher und geistiger Veränderungen: Mehr Blut floss zum Herzen und zum Gehirn, der Puls raste, die Hauttemperatur sank, Muskeln zapften Zuckerenergiereserven an, das Gehirn arbeitete verschärft und schneller. Diese Reaktionen waren sehr wichtig, wenn man ein Jäger oder Sammler war, der schneller als ein verwundeter Bison sein wollte oder einen hungrigen Wolf abwehren musste. In diesem Szenario war die Angriff-oder-Flucht-Reaktion sehr gesund.

Angreifende Tiere sind jedoch in unserer modernen Welt selten und in den Ebenen zu jagen kommt sogar noch seltener vor. Unser mächtiges Gehirn und unser Talent für Technologie haben uns dazu befähigt, eine Rasse zu werden, die ihren Verstand einsetzt und nicht ihre Muskeln. Heutzutage sind wir Bauern der Information und Jäger nach Daten. Wir spüren keine Beute in Waldgebieten mehr auf, sondern sitzen in Arbeitsnischen am Schreibtisch. Und doch sind wir gemäß den Dimensionen der evolutionären Zeit erst wenige Augenblicke von jenen Tagen in der Savanne entfernt, daher hat sich unsere physische Natur nicht viel verändert. Damals ging, sobald die Gefahr einmal vorübergegangen war, unsere Stressreaktion ebenfalls vorbei. Unser Körper entspannte sich, um Energie zu sparen. Heute jedoch, unter dem Druck von Arbeit, Verkehr, Schulden, Politik und Krieg ist unsere Stressreaktion überlastet. Viele von uns sind „völlig gestresst". Chronischer, langfristiger Stress ist unser Problem und die Reaktion „Angriff oder Flucht" richtet mehr Schaden an, als dass sie nützt. Diese machtvollen Hormone werden fortwährend in unserem Körper ausgeschüttet, was von der Natur gar nicht so beabsichtigt war.

Infolgedessen leidet unser Immunsystem. Unser Blutdruck schießt in die Höhe. Wir entwickeln Migräne, Angst und Depressionen. Kurzfristig hilft uns die Stressreaktion, doch chronischer Stress, jeden Tag über Stunden, führt sowohl zu körperlicher als auch geistiger

Schädigung. Aber wie leicht können wir uns von solch schädlichen Wirkungen reinigen! Im ersten Kapitel haben Sie gelernt, wie Sie Spannungen des Körpers loslassen können; doch das alles ist umsonst, wenn Sie nicht auch lernen, wie Sie geistige emotionale Anspannung abbauen können. Es geht wirklich darum, positive Emotionen auszuwählen, um die negativen durch sie zu ersetzen, und genau darum geht es auch beim Auffrischen des Gehirns.

Ein schneller Weg, dies zu tun, besteht darin, dem alten Sprichwort zu folgen: „Lachen ist die beste Medizin". Forschungen haben gezeigt, dass Lachen den Level von mindestens vier der häufigen Stresshormone senkt. Ein kurzer, intensiver Spaziergang (er braucht noch nicht einmal anderthalb Kilometer lang zu sein) vermag Stresshormone aus Ihrem Blut zu beseitigen. Und die einfache Handlung, einmal tief durchzuatmen – etwas, was wir tausend Mal täglich tun, ohne einen Gedanken darüber zu verlieren –, kann Stress hinwegfegen, indem sie den Körper entspannt und es ihm ermöglicht, sich auszuruhen und zu heilen. Doch in der heutigen Welt wird selbst der einfache Akt des richtigen Atmens schwierig, da unser Körper voll stressbedingter Anspannung ist. Vonnöten ist achtsame, auf unseren Atem, unsere Emotionen und Handlungen gerichtete Aufmerksamkeit. Bewusst zu leben, um die eigenen Gefühle und Einstellungen zu gestalten, ist der nächste Schritt in BEST.

Ihre emotionale Vorgabe

Wenn wir älter werden, ist emotionale Gesundheit wichtiger als je zuvor. Schließlich begleitet Sie Ihr emotionaler Zustand das ganze Leben und sollte von Ihrer Jugend bis in die späteren Jahre hinein relativ konstant sein. Vorausgesetzt, Ihr Gehirn ist in stabilem

Zustand und gesund, können Sie mit fünfundsechzig eine gesündere und positivere geistige Einstellung haben als mit fünfundzwanzig, da Ihre Lebenserfahrung als weiterer Pluspunkt hinzukommt. Oder sie könnte schlimmer sein, wenn Sie zulassen, dass Sie in negative emotionale Gewohnheiten verfallen. Es liegt wirklich ganz bei Ihnen. Einer der Schlüssel für dieses emotionale Wohlbefinden ist das Gleichgewicht zwischen Positivem und Negativem, Hoffnung und Realismus, Zweifel und Vertrauen. Sie sollten in der Lage sein, Erinnerungen an Vergangenes zu bewahren und gleichzeitig fortbestehenden Schmerz und Ärger loszulassen.

Dennoch ist dies normalerweise nicht so leicht, wie es klingt. Wie Dr. Verne Kallejian schreibt: „Leider verfügen wir in der westlichen Zivilisation weder über die Philosophie noch die Rituale, um emotionale Gesundheit im Alterungsprozess zu fördern. Sehr wenige Lebenserfahrungen bereiten uns darauf vor, mit den potentiellen Problemen des Alterns umzugehen. Nichts kann ohne Weiteres das Selbstwertgefühl kompensieren, das mit einem wichtigen Beruf einhergeht, oder kurzerhand Freundschaften ersetzen, die durch Krankheit, Tod, Umzug in eine neue Umgebung oder andere unerwartete Ereignisse ein Ende fanden."

Wenn wir altern, können die unvermeidlichen Verluste und Veränderungen des Lebens unsere Stimmung zum Negativen hin umkippen lassen. Der Tod einer Freundin oder eines nahe stehenden Menschen führt zu Einsamkeit und erinnert uns an unsere eigene Sterblichkeit. Der Ruhestand bewirkt unter Umständen, dass wir uns fühlen, als hätten wir einen Teil unserer Identität verloren, wenn die Leere nicht mit produktiven Hobbys oder ehrenamtlicher Arbeit ausgefüllt wird. Nachlassende Gesundheit kann zu Furcht oder Depressionen führen und zu einem der schädlichsten Aspekte des Alters beitragen: Isolation. Wenn einem Menschen der Sinn für die richtige Perspektive oder die kognitiven Mittel fehlen, schwarzmalerische und dunkle Gedankenmuster zu identifizieren, ist es leicht vorstellbar, dass dieser Mensch mit zunehmendem Alter unangenehm und unglücklich werden könnte.

Im Verlauf des Alterns sind destruktive emotionale Muster, Verbitterung und Einsamkeit nicht unvermeidbar. Aktuellen psychologischen Theorien zufolge haben wir alle „Sollvorgaben"; Lebensbedingungen, die gegeben sein müssen, damit in unserem Geist ein Gefühl des Wohlbefindens entsteht. Sie selbst entscheiden, welche Bedingungen Ihre Sollvorgabe ausmachen und welche Emotionen Sie mit diesen Bedingungen verbinden. Wenn zum Beispiel Ihre ganze Welt aus Arbeit bestand, assoziieren Sie den Ruhestand vielleicht mit Nutzlosigkeit und Verfall. Im letzten Teil des Kapitels finden Sie spezielle Übungen, die Ihnen helfen, diese sehr gefährlichen Fallgruben zu umgehen. Und im Verlauf des BEST-Prozesses werden Sie ein Gefühl von Identität und Bestimmung entdecken, die Sie wirklich befriedigen werden.

Ihre Stimmungen erkennen und bereinigen

Auf dieser Stufe geht es bei BEST um drei Fähigkeiten:

a. sich der eigenen Gefühle und Stimmungen voll bewusst zu sein;
b. den Geist von aufwühlenden, schädlichen Gefühlen zu reinigen;
c. die Fähigkeit zu entwickeln, langfristige Stimmungsmuster zu ändern;

Es ist ein Mythos, Emotionen seien jenseits unserer Kontrolle. Wer so etwas behauptet, sagt in Wirklichkeit: „Ich entscheide mich dafür, keine Kontrolle über meine Gefühle auszuüben." Oft wird diese Haltung aus einem Gefühl heraus geboren, negative Gefühle seien einfach ein Teil dessen, wer wir sind, und die Tatsache, dass man sich ständig wütend oder traurig fühlt, sei einfach auf die Nackenschläge des Lebens zurückzuführen. Doch wie sinnvoll ist es, weiterhin solche Vorstellungen zu hegen, wenn sie sich auf unseren Körper und unsere Energie verheerend auswirken? Der Weg der persönlichen Weisheit besteht darin, sich die großartigen Kräfte des Selbst-Gewahrseins – der Beobachter beobachtet den Beobachter – zunutze zu machen, über die das Gehirn verfügt, um die versteckten Stimmungs- und Gefühlsmuster zu enthüllen, die wir in uns tragen, und unsere Sichtweise der Welt zu verändern. Wir haben sozusagen die Macht, unsere Sollvorgabe zu verändern. Haben Sie sich jemals gefragt, wie einige Familien, die mitten in der Stadt oder in einem kleinen Dorf der Dritten Welt in Armut leben, so viel Freude am Leben haben können? Der Grund dafür ist, dass ihre Sollvorgaben bescheiden sind. Sie haben sich gegenseitig, genug zu essen, ein Dach über dem Kopf und oft ihren Glauben. Das ist alles, was sie brauchen. Was brauchen Sie, um wirklich glücklich und mit diesem Leben im Frieden sein zu können?

Wir wollen hier zwischen Emotionen und Stimmung unterscheiden. Unser wunderbares Gehirn erkennt Emotionen von unserer Geburt an. Gefühle werden in unseren Nervenverbindungen schon lange, bevor wir den komplexen Tanz des kognitiven Denkens und der Sprache beherrschen, fest verdrahtet. Emotion ist wie das Wetter; sie ist das, was wir in dem Moment fühlen, wenn wir auf bestimmte Situationen und Menschen in unserem Leben treffen. Stimmung ist wie das Klima; sie dauert an und hüllt uns ein. Darum sagen wir: „Er ist in schlechter Stimmung." Stimmungen sind Emotionen, die zu etwas Fortdauerndem gemacht worden sind und eine Stunde, einen Tag andauern können oder sich unter Umständen sogar zu einer lebenslangen Wesensart entwickeln. Manchmal, wenn eine melancholische Stimmung dunkel und hilflos und hoffnungslos wird und lange Zeit andauert, wird sie als klinische Depression bezeichnet.

Sowohl Emotion als auch Stimmung erschaffen neue Verbindungswege im Gehirn und setzen bestimmte Stoffe frei, von Dopamin bis Epinephrin. Doch während Emotionen kommen und gehen, sind Stimmungen eine Entscheidung. Manchmal sind Situationen, die Wut, Angst, Ärger oder Traurigkeit hervorrufen, nicht zu vermeiden. Das Leben ist voll davon und solche Situationen zu vermeiden hieße, das Leben zu vermeiden. Dennoch: Wenn Sie sich dafür entscheiden, die Schwierigkeiten im Leben positiv zu sehen – wenn Sie ein starkes Selbstwertgefühl haben –, dann beeinträchtigen solche Gefühle Sie langfristig nicht. Sie können ihnen trotzen, mit den Situationen, die sie verursacht haben, umgehen und weitermachen. Dennoch können Gefühle andauern und Ihr Leben auf eine gefährliche Art und Weise formen. Wenn Sie an Beleidigungen, Tragödien oder Verlusten festhalten oder sich selbst dafür verantwortlich machen, können sich dunkle, trübsinnige, mürrische Gefühle einstellen, die Ihnen nur Elend bescheren. Freunde bleiben weg, die Gesundheit verschlechtert sich. Die Welt scheint voll von Nichtsnutzen und Unglück zu sein.

Gehirnauffrischung ist Ihre Verteidigung gegen solche negativen Stimmungen. Mittels Atemübungen, Meditation und Übungen des Selbst-Gewahrseins hilft sie Ihnen, sich selbst dabei zu „erwischen“, während Sie negative Gedanken hegen, und unterstützt Sie, sie aus Ihrem Geist zu entfernen. Auf diese Weise werden neuronale Verbindungswege, die aufwühlende Gefühle anheizen, gar nicht erst gebildet. Der Geist bleibt offen für Schönheit, Freude und positive Aussichten. Denken Sie daran: Die Weltsicht ist eine Entscheidung!

Die Beharrlichkeit der Erinnerung

Oliver Wendell Holmes sagte: „Das Gedächtnis ist ein Netz; man findet es voll von Fischen, wenn man es aus dem Bach zieht, aber ein Dutzend Meilen Wasser sind hindurch geflossen, ohne stecken zu bleiben." Dies drückt die schwer fassbare, ätherische Qualität des Gedächtnisses aus. Dennoch ist Erinnerung ein wesentlicher Aspekt unserer Identität. Aus diesem Grund fürchten so viele Menschen das Alter. Sie haben Angst, dass sie zwangsläufig einen Verlust des Kurzzeitgedächtnisses erleiden und unfähig sein werden, sich daran zu erinnern, was sie zum Frühstück gegessen haben, oder dass sie vergessen, wen sie am Vortag getroffen haben. Wie die Gehirnschulung gemäß BEST jedoch zeigt, muss das Alter durchaus nicht so sein.

Erstens müssen wir uns darüber im Klaren sein, dass wir sehr wenig darüber wissen, wie das Gedächtnis funktioniert. Wohl kennen wir die Gehirnregionen, die mit dem Langzeit- und dem Kurzzeitgedächtnis zusammenhängen. Es gibt auch ein episodisches Gedächtnis (das sich auf vergangene Ereignisse bezieht), ein semantisches Gedächtnis (das mit Fakten zu tun hat), ein räumliches Gedächtnis (es ermöglicht uns, ein geistiges Bild von dem herzustellen, was um uns herum ist), ein emotionales Gedächtnis (Gefühle und Ängste) und ein prozedurales Gedächtnis (das uns hilft, uns zu erinnern, wie etwas getan wird). Der Teil des Gehirns, der als Hippocampus bekannt ist, und die verschiedenen Cortices, die ihn umgeben, sind stark an allen Arten von Erinnerung beteiligt, doch viele andere Gehirnregionen arbeiten ebenfalls mit dem Gedächtnis. Trotzdem wissen wir eigentlich nicht, was eine Erinnerung ist. Einige Wissenschaftler nahmen an, es sei eine elektrische Spur, die ein Ereignis in einem bestimmten Teil des Gehirns zurückgelassen hat. Spätere Forschungen haben jedoch gezeigt, dass diese Spuren-Theorie falsch ist.

Eines, was wir von der Erinnerung mit Sicherheit wissen, ist, dass sie wesentlich für unsere Identität ist und dass ein reiches, aktives Erinnerungsvermögen eine der großen Segnungen des Alters sein kann. Weisheit, eine Quelle für wundervolle Geschichten, die Bilder von Menschen und Orten – dies alles ist der Nutzen eines guten Gedächtnisses. Leider ging man, ebenso wie bei unseren emotionalen Gewohnheiten, davon aus, Gedächtnisverlust sei etwas, das von Menschen nicht kontrollierbar sei. Es wurde als Glück des genetischen Lotteriespiels betrachtet, wenn jemandes Gedächtnis bis ins hohe Alter hinein intakt blieb. Wie wir jedoch täglich entdecken, haben wir mehr Kontrolle über unser Leben, als früher angenommen wurde. Wie die Stimmung, so ist auch das Sicherinnern ein bewusster Akt und Gehirnauffrischung wird Sie dabei unterstützen, ein starkes Erinnerungsvermögen aufzubauen und aufrechtzuerhalten.

Negative Gedankenmuster entspringen der Erinnerung unglücklicher Ereignisse, an denen Sie in Ihrem Geist festhalten. Sie beeinflussen Ihr Gehirn und führen zu unproduktiven Denkgewohnheiten, vorgefassten Meinungen, sogar Voreingenommenheit, die sich alle negativ auf Ihre Gesundheit auswirken. Durch Gehirnauffrischung können Sie die traumatischen Ereignisse der Vergangenheit loslassen und Ihren Geist von belastenden Erinnerungen befreien. Das Ergebnis ist tiefe emotionale und spirituelle Heilung – eine Erneuerung Ihrer Fähigkeit, das Leben auf positive und heilsame Weise zu sehen. Nach und nach tilgen Sie die negativen neuronalen Verbindungswege, die wie Furchen in alte Wege tief in Ihr Gehirn eingeprägt waren. Sie erschaffen neue Schnellstraßen zu Mut, Inspiration und Freude. Dies ist durchaus eine Wiedergeburt des Geistes – eine Wiedergeburt der emotionalen Freiheit, die Sie als Kind erlebt haben.

Wenn Erinnerungen aus der Vergangenheit Sie nicht heimsuchen, dann beunruhigt Sie vielleicht der Gedanke, das Kurzzeitgedächtnis zu verlieren. Dies ist in der Tat eine Fähigkeit des Gehirns, die mit dem Alter abnimmt. Dennoch: Studien haben gezeigt, dass ältere Menschen den Verlust Ihres Kurzzeitgedächtnisses stark überschätzen. Wenn Sie mit zwanzig Ihren Schlüssel verlegen, ist es Zerstreutheit, wenn Sie sechzig sind, ist es eine altersbedingte Gedächtnislücke. Obendrein könnte Gedächtnisverschlechterung ein kulturelles Phänomen sein, da junge Leute – wahrscheinlich durch den Einfluss der Informationsspeicherungstechnologie – in ihrer Gedächtnisleistung nicht mehr so versiert sind wie die Jugend der vorhergehenden Generationen.

Obwohl es bei der Gehirnauffrischung nicht speziell darum geht, die Gedächtnisleistung zu verbessern, kann sie doch zu einem besseren Gedächtnis beitragen. Es wurde klar belegt, dass Stress und negative Gefühle dem Lernen und dem Gedächtnis im Weg stehen können. Stress bringt den Hypothalamus, den für das Erinnerungsvermögen zuständigen Teil des Gehirns, buchstäblich zum Schrumpfen. Indem Sie sich von negativen Gefühlen und Gewohnheiten befreien, öffnen Sie Ihr Gehirn dafür, neue Informationen zu empfangen und zu speichern – als würden Sie alte Unterlagen aus einem Aktenschrank wegwerfen, um Platz für neue zu schaffen.

Ihr ausgereiftes altes Gehirn

Wahrscheinlich haben Sie schon davon gehört, dass manche Menschen – wie alter Wein – mit zunehmendem Alter reifen. Wie sich herausstellt, trifft dies auf uns alle zu, und zwar aufgrund der Art und Weise, wie unser Gehirn altert. Forscher haben entdeckt, dass ältere Menschen im Allgemeinen eine bessere emotionale Kontrolle und eine positivere Lebensauffassung haben. Sie stellten die Theorie auf, das menschliche Gehirn sei dazu bestimmt, von einem aggressiveren, kompetitiven Modus der Jugend zu einem kooperativeren Modus im späteren Leben überzuwechseln. In der Vergangenheit mag dies biologisch vorteilhaft gewesen sein, da ältere Menschen, die nicht mehr im fortpflanzungsfähigen Alter waren, ihre Aufmerksamkeit verlagerten und sie mehr darauf richteten, ihre Verwandtschaft zu unterstützen, was indirekt das Überleben ihrer genetischen Information sicherte.

Gehirn-Scans haben offenbart, dass ältere Menschen Emotionen einfach anders verarbeiten, was möglicherweise die Verbesserung der emotionalen Kontrolle erklärt. Es hat sich gezeigt, dass bei älteren Menschen, während die Emotionen erfahren werden, mehr Gehirnregionen aktiv sind, insbesondere als Antwort auf negative emotionale Reize. Dieses Ergebnis legt nahe, dass Lebenserfahrung zusätzliche Verbindungen im Gehirn bereitstellt, durch die negative Emotionen schneller neutralisiert werden können.

Insgesamt sind ältere Menschen geistig gesünder als jüngere. Die Häufigkeit von Neurosen nimmt ab und die Wahrscheinlichkeit ist geringer, dass ältere Menschen angeben, sie seien verzweifelt und fühlten sich wertlos.

Nichtsdestoweniger ist geistige Gesundheit für ältere Menschen keine Selbstverständlichkeit. In der Tat sind Depressionen verbreitet und Selbstmord kommt bei älteren Menschen häufiger vor als bei Menschen mittleren Alters. Dies gilt besonders für ältere Männer. Allein die Tatsache, dass das ältere Gehirn besser dafür gerüstet ist, mit negativen Emotionen umzugehen, heißt nicht, dass es gegenüber emotionalen Schwierigkeiten immun ist. Schließlich gibt es zahlreiche Aspekte des Alterns, die schwierig zu bewältigen sind. Dazu gehören der Tod von Freunden, der eigene körperliche Abbau und das Gefühl von Ziellosigkeit, das mit dem Ruhestand einhergehen kann. Es ist das Beste, wenn Sie sich mit einer Strategie für emotionales Wohlbefinden vorbereiten, um im Verlauf des Alterns die natürliche Weisheit des Gehirns so gut wie möglich zu nutzen.

Ihre emotionale Intelligenz steigern

Mit den BEST-Techniken zur Auffrischung des Gehirns werden Sie allmählich Ihre emotionale Intelligenz verfeinern. Der Begriff wurde 1872 von Charles Darwin geprägt, doch populär wurde er 1995 durch den Autor und Psychologen Daniel Goleman. Emotionale Intelligenz – die Fähigkeit, Ihre eigenen Emotionen wahrzunehmen, zu bewerten und damit umzugehen, wie auch mit den Emotionen anderer – ist eine der wertvollsten Fähigkeiten eines reifen Individuums. Wenn wir heranwachsen, erscheinen erwachsene Leidenschaften unaufgefordert in unserem Geist: sexuelles Verlangen, Risikobereitschaft, der Wunsch, sich teure, schöne Dinge anzueignen. Weil jedoch unser präfrontaler Cortex – die Gehirnregion, die uns soziale Einschätzungen vornehmen lässt und dafür sorgt, dass wir die möglichen Ergebnisse unserer Entscheidungen geistig vorwegnehmen –, erst mit etwa fünfundzwanzig ausgereift ist, können Gefühle und Leidenschaft uns überwältigen, wenn wir jung sind. Vielen jungen Menschen fehlt die emotionale Intelligenz, ihre machtvollen Emotionen zu verstehen oder zu kontrollieren. Stattdessen haben sie oft den Autopiloten eingeschaltet und werden von ihren Hormonen und Wünschen gesteuert.

Wenn wir älter werden, verfallen jedoch leider zu viele von uns ins andere Extrem: Wegen irgendeines Traumas in unserem Leben schalten wir unsere Gefühle aus und spalten uns aus Angst von ihnen ab. Die Vorstellung, unsere Gefühle zuzulassen, versetzt uns in Schrecken. Auf diese Weise leben wir jedoch nicht wirklich. Obwohl im Westen der Verstand sehr stark betont wird, lehrt uns alte Weisheit, dass ein Mensch erst dann wirklich „ganz" ist, wenn er sowohl von Gefühlen als auch vom Verstand gelenkt wird, wenn Leidenschaften und Urteilskraft denselben Stellenwert haben. Zahlreiche Erwachsene – besonders, wenn sie alt werden – haben jedoch Angst vor ihren Gefühlen. Darum schotten sich so viele dieser Menschen ab und werden unempfänglich gegenüber Liebe, Begeisterung und Freude. Sie sind nicht in der Lage, dem, was sie hinter sich gelassen haben, zu begegnen. Unseres Erachtens ist dies eine Tragödie, denn das ältere Gehirn hat das Potential, etwas ganz anderes, Gegenteiliges, zu sein.

Emotionale Intelligenz ist die Fähigkeit, die eigenen Emotionen so, wie sie sich ergeben, einzuschätzen; zu verstehen, warum sie entstehen, und sofort mit den Auswirkungen umzugehen. Dies ist eine tiefe Ebene des Selbstgewahrseins, die durch die Auffrischung des Gehirns zugänglich ist. Das menschliche Gehirn hat die außergewöhnliche Fähigkeit, über sein eigenes Funktionieren zu reflektieren. Menschen mit starker emotionaler Intelligenz sind in der Lage, pessimistische Gefühle zu identifizieren, sobald sie entstehen, und sie in die richtige Perspektive zu setzen. Stellen Sie sich vor, Sie könnten Ihre Gefühle des Ärgers während eines Gesprächs mit einem Freund, der Ihre Geduld strapaziert, so wahrnehmen, als würden Sie das Ganze von außen beobachten. Sie haben dann zwar immer noch das Gefühl, haben jedoch so viel Geistesgegenwart, um zu erkennen, woher dieser Ärger rührt, und sich ins Gedächtnis zu rufen: „Eigentlich will er mich ja gar nicht ärgern; es ist am besten, dieses Gefühl loszulassen." Dies ermöglicht Ihnen, solche nutzlosen Emotionen beiseite zu legen und anderen gegenüber eine positive Einstellung zu bewahren.

Emotionale Intelligenz ist eine sehr wichtige Fähigkeit und die späteren Lebensjahre sind eine hervorragende Zeit, um sie zum Ausdruck zu bringen. Wenn Sie sich schmerzlichen Erinnerungen stellen und zulassen, dass sie aus Ihrem Geist „herausgewaschen" werden, erkennen Sie die Macht, die Sie solchen Erinnerungen früher verliehen haben. Ihnen wird klar, dass diese Erinnerungen keine Macht aus sich selbst heraus haben, sondern nur die, die Sie ihnen zumessen. Sie haben nun Kontrolle über das, was Ihre Gefühle auslöst, und werden nicht von Ihren Gefühlen kontrolliert. Sie könnten sagen, dass Sie dabei sind, das höchste Potential Ihres emotionalen Gehirns zu erreichen. Ihr Geist ist frei, seine höheren Ziele zu verfolgen: Liebe, Mitgefühl, Kreativität, Gesundheit, Entdeckungen, andere heilen.

Ältere Menschen mit großer emotionaler Intelligenz sollten jüngeren Menschen, die damit kämpfen, ihren emotionalen Ballast loszulassen, als „emotionaler Mentor" dienen. Ein klarerer Blick auf die Emotionen verleiht älteren Menschen die Weitsicht, Führungspersönlichkeiten in der Gemeinschaft zu werden; dort, wo Entscheidungen nicht nur aus dem Bauch heraus entstehen, sondern auf der Basis der Bedürfnisse, die alle erkennen lassen, getroffen werden müssen. Und das Beste: Diese Art emotionalen Gewahrseins vermag lebenslange Beziehungen zu erneuern, indem es Ihnen ermöglicht, bedeutungslosen Groll loszulassen und sich auf die positiven, bejahenden Eigenschaften der Menschen in Ihrem Leben zu konzentrieren.

Ändern Sie Ihren „Längengrad"

Fügen Sie „*Länge* des Lebens" und „*Grad* der positiven Einstellung" zusammen und Sie erhalten „Längengrad". Diese Art von Längengrad mag Ihnen dabei helfen, sich im Leben zu orientieren. Allerdings sprechen wir hier nicht von Linien auf einer Landkarte, die Sie informieren, wie weit Sie sich östlich oder westlich von irgendeinem Punkt befinden. Wir sprechen über das Territorium, das durch Ihre geistige Herangehensweise an das Leben definiert wird. Wenn Sie Ihr Gehirn auffrischen und die Umklammerung durchbrechen, in der negative Erinnerungen Ihre Emotionen gefangen halten, dann ändern Sie Ihren Längengrad. Den eigenen Längengrad zu finden heißt, das, was für Sie im Leben am wichtigsten ist, zu ermitteln, und dann zu schauen, wo Sie selbst in Relation zu diesen Dingen stehen. Anders ausgedrückt: Sie konzentrieren sich auf das, was Sie am meisten wertschätzen, und nicht auf frühere Enttäuschungen. Indem Sie sich dafür entscheiden, vergangenen Schmerz loszulassen und das Leben mit einer positiven, optimistischen, freudvollen Einstellung zu sehen, verlängern Sie Ihr Leben. Und was ebenso wichtig ist: Sie steigern Ihre Lebensfreude. Quantität und Qualität – was will man mehr?

Es gibt viele auf Stichproben beruhende, kontrollierte Studien, die den Nachweis dafür erbringen, dass zwischen einem positiven geistigen Zustand, besserer Gesundheit und einem längeren Leben ein Zusammenhang besteht. Zu den gründlichsten darunter gehört eine Studie, die 2002 im *Journal of Personality and Social Psychology* veröffentlicht wurde. Für diese Untersuchung, die an der Yale Universität durchgeführt wurde, wurden Hunderte erwachsene Probanden im Alter über fünfzig über einen Zeitraum von 23 Jahren hinweg wiederholt getestet. Man fand heraus, dass „jene, die eine positive Einstellung zum Alter hatten, durchschnittlich etwa siebeneinhalb Jahre länger lebten als Teilnehmer, die sich vor ihrem Lebensabend fürchteten. Die offensichtliche lebensverlängernde Wirkung einer positiven Einstellung blieb selbst dann bestehen, wenn die Wissenschaftler andere Faktoren nachwiesen, welche die Lebensdauer beeinflussen können, wie Gesundheit, Geschlecht und sozio-ökonomischer Status."

Eine positive Haltung wirkte sich sogar stärker auf die Gesundheit aus, als den Cholesterinspiegel konstant niedrig oder den Blutdruck normal zu halten. Natürlich ist es möglich, dass Menschen mit einer positiven Sicht der Dinge mit größerer Wahrscheinlichkeit dafür sorgen, dass sie gesund bleiben, und dass sie weniger unter Stress leiden. Wir meinen jedoch, dass mehr dahinter steckt. Der Geist verfügt über eine außerordentliche Fähigkeit, den Körper zu beeinflussen; warum sollte es also überraschen, dass ein erkrankter Geist – voller Wut, Kummer, Angst und Verbitterung – im Körper eine entsprechende Krankheit hervorruft? In jedem Fall ist klar, welche Auswirkungen das Verbessern Ihres „Längengrades" hat. Und wie Sie sehen, ist dies eine bewusste Entscheidung, die jeder Mensch jederzeit treffen kann. Es ist nie zu spät. Die Welt mit größerer Hoffnung und Freundlichkeit zu sehen verbessert Ihre Gesundheit, klärt den Geist, befreit Ihr kreatives Gehirn und erhöht insgesamt Ihre Lebensqualität.

Was ist Gehirnauffrischung?

Gehirnauffrischung ist eine ganzheitliche Mischung aus Atemtechniken, Meditation und dem Ausbalancieren der Energie, die darauf ausgerichtet ist, Ihr Gehirn durch eine Intensivreinigung von negativen Erinnerungen zu befreien und ein stärkeres emotionales Selbst-Gewahrsein zu fördern. Bekanntlich ist tief atmen sehr wirksam, um eine intensive Entspannung herbeizuführen und den Geist in immer tiefere Stadien der Meditation zu bringen. Die meisten von uns atmen den ganzen Tag lang flach. Tiefes, absichtsvolles Atmen reichert jedoch das Gehirn mit Sauerstoff an und verstärkt Gefühle des Wohlbefindens.

Wie bereits erläutert, hat Meditation erwiesenermaßen zahlreiche positive Auswirkungen auf das Gehirn. Forschungen unter Einsatz moderner bildgebender Verfahren haben gezeigt, dass selbst bei Neulingen, die erst einige Wochen mit Meditationsübungen verbracht hatten, eine starke Verschiebung der Gehirnaktivitäten hin zu jenem Teil des Gehirns zu verzeichnen war, der mit positiven Gefühlen assoziiert ist, ebenso wie eine robustere Immunsystemreaktion. Obwohl als Teil vieler asiatischer spiritueller Traditionen praktiziert, ist Meditation streng genommen nicht religiös, sondern vielmehr eine altbewährte Methode, den Körper zu entspannen, den Geist zu öffnen und Gefühle der Verbundenheit und des Friedens zu vertiefen. Meditation zu erlernen wird Ihr Leben in vielerlei Hinsicht verbessern.

Einfache Wege, Ihren „Längengrad" einzustellen

• Helfen Sie, wo es sich ergibt
Scheuen Sie keine Mühe, um jemandem ungefragt zu helfen oder etwas Nettes zu sagen. Werfen Sie eine Münze in eine ablaufende Parkuhr, helfen Sie einer Frau mit Ihren Einkaufstüten, geben Sie einem Obdachlosen, den Sie täglich sehen, zwanzig Euro. Sie werden überrascht sein, welch ein gutes Gefühl es Ihnen vermittelt, jemandem zu helfen.

• Sehen Sie das Schöne, das Sie umgibt
Innezuhalten, um die Schönheit um Sie herum zu finden, ist eine sichere Methode, das Stirnrunzeln aus Ihrem Gesicht zu wischen. Wenn Sie spüren, wie schlechte Stimmung in Ihnen aufsteigt, sehen Sie sich um. Nehmen Sie die Blumen wahr, die Formen der Wolken, die Beschaffenheit einer Keramik, das Gefieder eines Vogels. Alles kann

schön sein, wenn man es mit einem Sinn für Staunen und Dankbarkeit betrachtet.

• Reden Sie mit den Leuten

Isolation tötet. Gesellschaft rettet. Einer der Gründe dafür, warum Menschen aus Okinawa weltweit die längste Lebensdauer haben, ist darauf zurückzuführen, dass sie normalerweise einem moai angehören, einem Netzwerk aus Familienmitgliedern und Freunden, das gegenseitige Unterstützung gewährleistet und seit Jahrzehnten besteht.

• Leben Sie im Augenblick

Wir alle hasten in so großer Geschwindigkeit voran, dass wir stets nach vorne blicken. Was kommt als Nächstes? Was steht auf meiner Liste? Halten Sie wenigstens einmal am Tag inne und seien Sie im Augenblick. Nutzen Sie dabei alle Sinne: Sehen, Hören, Schmecken, Riechen, Tasten. Das kann in der Gemüseabteilung des Lebensmittelladens sein – es ist ganz gleich. Halten Sie inne und seien Sie einfach nur. Würdigen Sie es, dort zu sein, wo Sie sind, und das zu tun, was Sie tun. Fragen Sie sich, was an diesem Moment erinnernswert ist.

• Zählen Sie Ihre Segnungen

Wenn alles andere nichts nützt und Sie spüren, dass eine üble Stimmung Sie einholt wie eine Sturmwolke, nehmen Sie sich einen Moment Zeit und besinnen Sie sich darauf, wie viel Glück Sie in Wirklichkeit haben. Sie leben. Ihr Potential und Ihre Möglichkeiten sind grenzenlos. Die Dinge sind niemals so schlecht, wie sie zu sein scheinen. Denken Sie an zehn Dinge, für die Sie wirklich dankbar sind.

Diese Arbeit schafft die richtigen Voraussetzungen für die Energiezentren im menschlichen Körper. In der Gehirnauffrischung lernen Sie, Ihre inneren Energiequellen zu wecken und den Fluss vitaler Energie zu Ihrem ganzen Körper zu öffnen. Durch dieses Training erzeugen Sie ein besser ausbalanciertes Energiesystem in Ihrem Körper und Ihrem Geist, was zu größerer Gesundheit und Zufriedenheit führt. Mit Hilfe dieser Praktiken erfahren Sie, wie veraltete Einstellungen, Groll und negative Denkmuster abgestreift werden und sich Ihr Geist intensiv erneuert.

Der Zweck der Gehirnauffrischung liegt nicht nur darin, negative emotionale Erinnerungen und nutzlose Informationen aufzulösen und zu beseitigen, sondern auch, die Herrschaft über die eigenen Gefühle zu erlangen und sich darüber klar zu werden, dass Glück überall und jederzeit durch Handlung geschaffen werden kann. Dieser ganze Prozess wird Sie in die Lage versetzen, Ihrem Gehirn neue Energien zufließen zu lassen und die neue Klarheit und Freude zu genießen, die das Leben Ihnen bringt.

Selbstreflexionsübungen

Wenn wir uns etwas vorstellen – dies fanden Wissenschaftler heraus –, stimuliert das unser Gehirn fast so, als würden wir es wirklich erleben. Darum ist es wichtig, dass Sie in Ihrem Geist positive, unterstützende Vorstellungen haben. Negativität kann schnell zur Gewohnheit werden, wenn Sie sich auf negative Erfahrungen konzentrieren. Nutzen Sie diese Übungen, um sich Ihrer emotionalen Gewohnheiten bewusster zu werden.

EMOTIONALE BESTANDSAUFNAHME

Es ist wichtig zu erkennen, welche Erinnerungen, die Sie noch immer haben, bestimmte Gefühle reproduzieren, obwohl die Ereignisse schon längst vorüber sind. Sehen Sie sich einmal die folgenden Gefühle an und identifizieren Sie einzelne Erinnerungen, die Sie jeweils damit in Zusammenhang bringen.

Glück	
Traurigkeit	
Wut	
Angst	
Freude	
Enttäuschung	
Liebe	
Heitere Gelassenheit	

IHRE GLÜCKLICHSTEN MOMENTE

Sie haben vielleicht die Gewohnheit, auf Fehlern der Vergangenheit oder Sorgen um die Zukunft herumzureiten. Durchbrechen Sie diese Gewohnheit, indem Sie sich etwas Zeit nehmen, glückliche Zeiten Ihres Lebens noch einmal zu besuchen. Bevor Sie anfangen, setzen oder legen Sie sich hin und entspannen Sie Ihren Körper ganz. Schließen Sie die Augen und rufen Sie sich bis ins kleinste Detail mögliche Zeiten ins Gedächtnis, in denen Sie große Freude empfanden und sich wohl fühlten. Denken Sie gleichermaßen an Momente in der Kindheit und im Erwachsenenalter. Durchleben Sie jeden Aspekt der Erfahrung noch einmal, als geschähe sie gerade jetzt. Wählen Sie einige Ihrer glücklichsten Erinnerungen aus und nutzen Sie sie, um Ihr Gehirn wieder in einen positiven Modus zu verschieben, wann immer Sie feststellen, dass Ihnen Ihre positive Sichtweise abhanden kommt.

BESTANDSAUFNAHME DER EINSTELLUNG GEGENÜBER DEM ALTERN

Selbst wenn Sie Ihr ganzes Leben lang eine sehr positive geistige Haltung hatten, kann mit zunehmendem Alter negatives Denken aufkommen, wenn Sie mit dem Altern etwas Negatives verbinden. Nehmen Sie sich etwas Zeit, um eine Liste all der Dinge aufzustellen, die Sie mit dem Altern assoziieren. Schreiben Sie die positiven Eigenschaften in eine Liste und die negativen in eine andere. Ist eine Liste länger als die andere? Können „negative" Punkte in die andere Liste verschoben werden, wenn Sie sie von einem anderen Blickwinkel aus betrachten? Prüfen Sie, während Sie den Rest dieses Buches lesen, ob Sie der Liste mit den positiven Eigenschaften weitere Punkte hinzufügen können.

Vorbereitung auf das emotionale Loslassen

Diese Übungen werden Ihnen helfen, für den Prozess des Loslassens bereit zu sein. Sie können sie auch nutzen, wenn Sie merken, dass negative Gefühle in Ihnen aufsteigen. Mit Hilfe dieser Übungen wird der Prozess des Loslassens effizienter und entspannter.

DEN KOPF ABKLOPFEN

Um Spannung aus Ihrem Kopf und Gesicht besser loslassen zu können, versuchen Sie, beide mit Ihren Fingerspitzen abzuklopfen. Diese Übung wird zudem den Blutzufluss zur Haut steigern, es ist also auch ein guter Schönheits-Tipp! Rollen Sie nur Ihre Finger etwas ein und beginnen Sie, fest Ihr ganzes Gesicht und Ihren Kopf zu beklopfen. Achten Sie darauf, den ganzen Kopf abzuklopfen, insbesondere die Schläfen und den Scheitel, und in Ihrem Gesicht gezielt jene Stellen, die angespannt sind, wie das Kinn, die Wangenknochen und den Bereich um die Augenhöhlen herum.

DAS GESICHT ENTSPANNEN

Das Gesicht kann sehr angespannt sein und oft wird dies zur Gewohnheit. Probieren Sie Folgendes aus und Sie werden es schwierig finden, nicht zu lächeln:

1 Ziehen Sie all Ihre Gesichtsmuskeln zusammen; schließen Sie Ihre Augen, Ihre Nase und den Mund fest. Halten Sie die Anspannung etwa fünf Sekunden lang.

2 Öffnen Sie Augen, Nasenlöcher und den Mund so weit, wie Sie können.
3 Atmen Sie ein und dann – während Sie Ihr Gesicht wieder in den Normalzustand bringen – atmen Sie aus.
4 Wiederholen Sie diese Abfolge mindestens dreimal.

SCHÜTTELN IM LIEGEN

Haben Sie jemals ein kleines Kind gesehen, wie es auf dem Boden liegt und mit Armen und Beinen nach oben gewandt um sich schlägt, wenn es aufgebracht ist? Wir empfehlen es nicht als Art und Weise, sich mit Ihrem Chef auseinanderzusetzen, aber energetisch ist es sinnvoll. Setzen Sie es ein, um Ihre Gefühle durch Schütteln zu lösen.

1 Legen Sie sich bequem auf den Boden.
2 Heben Sie die Arme und Beine in die Luft und beginnen Sie, sie leicht zu schütteln.
3 Während Sie langsam bis zehn zählen, schütteln Sie stärker und stärker, bis Sie bei zehn angelangt sind.
4 Lassen Sie Arme und Beine sanft auf den Boden fallen. Atmen Sie tief und entspannen Sie sich.

DIE ZEHEN ANSTOSSEN

Diese Übung ist großartig, um emotionale Spannung aus dem Körper freizusetzen. Sie leitet Energie weg von Ihrem Kopf in Ihren Unterkörper. Sie ist auch ein hervorragendes Mittel gegen Schlaflosigkeit, wenn Ihr Kopf voller Sorgen ist.

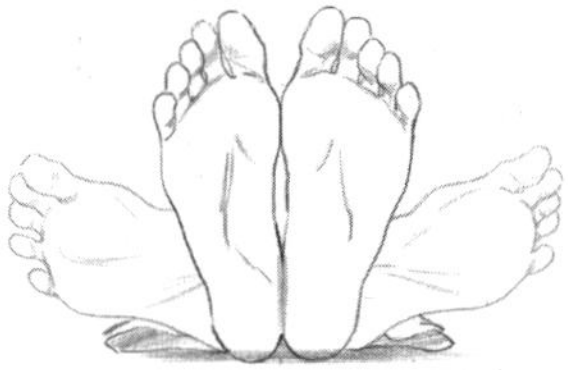

1 Legen Sie sich auf den Rücken, Beine und Füße zusammen.
2 Legen Sie die Hände auf den Fußboden, die Handflächen nach unten. Biegen Sie die Füße zurück und halten Sie dabei Ihre Fersen eng aneinander.
3 Stoßen Sie mit den großen Zehen zusammen und öffnen Sie dann Ihre Füße, so dass Ihre kleinen Zehen auf den Boden stoßen. Wiederholen Sie dies, so schnell Sie können.
4 Beginnen Sie mit hundert Wiederholungen und steigern Sie mit zunehmender Übung die Anzahl.

Übungen, um emotional loszulassen

Gefühle sind der Hauptgrund dafür, dass wir unserem Gehirn Grenzen auferlegen. Gefühle sind es, die uns dazu veranlassen zu sagen: „Das brauche ich gar nicht erst zu versuchen. Ich bringe mich nur in eine peinliche Situation.“ Aus Furcht gebieten wir unseren Träumen abrupt Einhalt und wegen vergangener Verletzungen kapseln wir uns gegenüber anderen ab. Glücklicherweise ist es möglich, Ihren Geist von hemmenden Emotionen zu befreien. Doch zuerst müssen Sie lernen, sie loszulassen.

DIE LACH-ÜBUNG

Dass Lachen eine starke Medizin ist, wissen Sie bereits. Doch leider können Sie keine Lachpillen in der Apotheke kaufen. Es ist zwar möglich, sich einen komischen Film im Kino ansehen oder sich mit einem lustigen Freund zu treffen, aber warum sollten Sie darauf angewiesen sein? Sie können jederzeit, wann immer es Ihnen beliebt, lachen.

Versuchen Sie daher irgendwann einmal, sich auf den Boden zu setzen und nach Herzenslust zu lachen. Vielleicht fragen Sie sich: „Aber wie soll ich denn lachen, wenn nichts da ist, worüber ich lachen kann?“ – Versuchen Sie es einfach. Lachen Sie einfach so sehr, wie es Ihnen möglich ist. Zuerst mag es peinlich wirken. Machen Sie trotzdem weiter. Fuchteln Sie mit den Armen und hauen Sie auf den Boden, lachen Sie sich krank. Bald werden Sie sich wieder wie ein Kind fühlen.

GEHIRNATMUNG

Stellen Sie sich vor, dass mit Hilfe dieser Übung verletzende, negative Gefühle durch helle, positive Gefühle ersetzt werden.

1 Setzen Sie sich in einer bequemen Haltung hin und legen Sie die Hände auf die Knie. Die Augen sind geschlossen. Entspannen Sie Ihren Körper und Geist, indem Sie mehrmals tief einatmen. Fühlen Sie, wie der Energiestrom vom Oberkopf zur Brust und dann in den Unterleib fließt.

2 Konzentrieren Sie sich auf Ihren Scheitelpunkt.

3 Während Sie durch die Nase einatmen, stellen Sie sich vor, ein Energiestrom würde durch den Scheitel eindringen, Ihren Kopf umkreisen und Ihren Geist von negativer emotionaler Energie reinigen.

4 Atmen Sie mit einem weichen Zischlaut durch Ihren Mund aus. Stellen Sie sich vor, stagnierende, negative Energie würde aus Ihrem Körper ausgestoßen.

5 Atmen Sie langsam ein und aus, während Sie sich vorstellen, dass helles Licht eindringt und Dunkelheit nach außen entschwindet.

6 Atmen Sie dreimal ein und aus und öffnen Sie die Augen.

7 Reiben Sie Ihre Hände aneinander, bis sie warm werden, und massieren Sie sanft Kopf und Gesicht.

LÄCHEL-MEDITATION

Der Akt des Lächelns ruft in Ihrem Gehirn positive Veränderungen hervor. Diese Übung kombiniert diese Tatsache mit einer entspannenden Meditationsübung.

1 Setzen Sie sich bequem hin und zucken Sie mehrmals mit den Schultern, um sich zu entspannen.

2 Atmen Sie mehrmals ein und aus, während Sie Ihr Gesicht massieren, um die Anspannung aus den Gesichtsmuskeln zu beseitigen.

3 Atmen Sie ein, schließen Sie sanft die Augen und atmen Sie aus, während Sie ein leichtes Lächeln formen. Atmen Sie tief und natürlich ein und aus.
4 Kombinieren Sie beim Ausatmen Ihren Atem mit einem breiter werdenden Lächeln. Wiederholen Sie dies mehrmals und konzentrieren Sie sich dabei auf die Bewegung des Lächelns auf Ihrem Gesicht, während ein leichter Atemhauch Ihren Lippen entströmt wie ein sanfter Wind.
5 Richten Sie langsam Ihre Aufmerksamkeit auf Ihr Gehirn und spüren Sie, wie Ihr Gehirn leichter und erfrischter wird, wenn Sie mit einem Lächeln ausatmen.

Anleitung zur Heilung

Menschliche Berührung ist eine der besten Methoden des emotionalen Heilens. Traurigerweise gelten Berührungen in unserer Kultur häufig als nicht erwünscht. Diese Heilmethoden anzuwenden ist sehr gut für Ihr Gehirn, sei es, dass Sie sie anderen beibringen, sei es, dass Sie selbst in den Genuss einer Behandlung kommen.

SCHULTERMASSAGE

Die Schultern sind sehr häufig angespannt. Glücklicherweise sind sie aber auch eine Stelle, an der man ganz leicht einem Freund oder einer Freundin eine schnelle Massage geben kann.

1 Kneten Sie die Trapezmuskeln, die vom Nacken zu den Schultern hin verlaufen, mit dem flachen Teil der Hand, ohne sie zu kneifen.

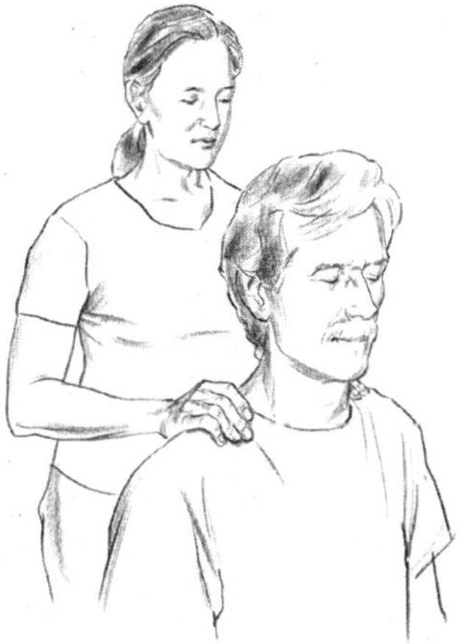

Lassen Sie wieder locker und wiederholen Sie den Vorgang mehrmals, so dass Sie sich am Muskel entlang aufwärts- und abwärts bewegen.

2 Arbeiten Sie sich mit den Händen abwärts an den Schultern entlang, indem Sie kneten und wieder lockerlassen.

3 Setzen Sie Daumen und Handflächen ein, um Spannungen im Bereich der Schulterblätter zu lösen.

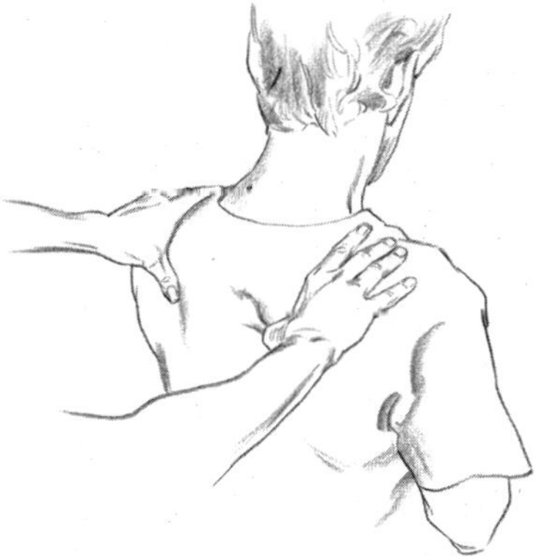

HANDMASSAGE

In der Reflexzonenmassage geht man davon aus, dass Stellen auf der Hand mit allen anderen Teilen des Körpers in Beziehung stehen. Eine Handmassage ist demnach also das Nächstbeste nach einer Ganzkörpermassage.

1 Kneten Sie die Hand, indem Sie sich vom Handgelenk zu den Fingerspitzen bewegen.

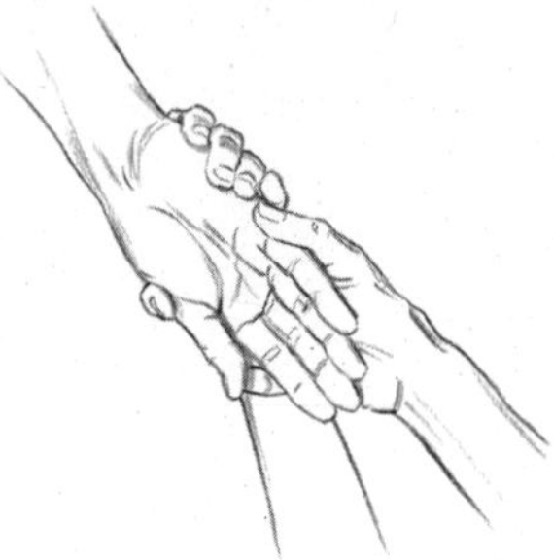

2 Drücken Sie Ihre Daumen, während Sie die Handfläche offen halten, fest in den Punkt, wo Handgelenk und Handfläche aneinander stoßen. Arbeiten Sie sich bis zur Mitte der Handfläche vor, indem Sie fest mit den Daumen drücken.

3 Ziehen und drehen Sie jeden Finger zwischen Ihren eigenen, vom Ansatz bis hinunter zu den Fingerspitzen.

FUSSMASSAGE

Es gibt nichts Besseres nach einem langen Tag als eine Fußmassage, um einen Menschen wieder zu regenerieren! Falls Sie keinen Partner haben, versuchen Sie, sich diese Massage selbst zu geben.

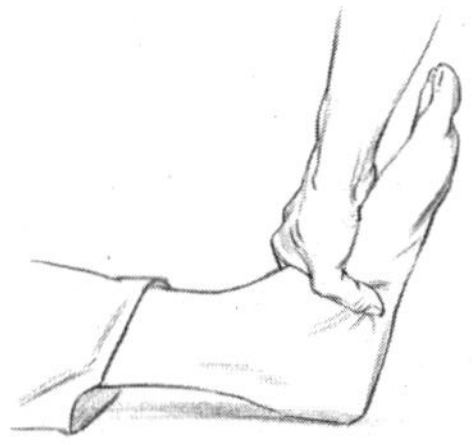

1 Kneten Sie den Fuß vom Knöchel bis zu den Zehen.

2 Biegen Sie den Fuß in beide Richtungen und kreisen Sie dann mit dem Fußgelenk. Ziehen Sie am Fuß und spreizen Sie ihn.

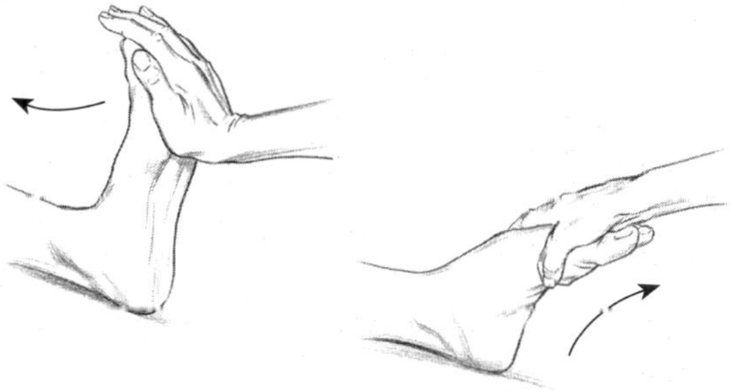

3 Drücken Sie Ihre Daumen an der Vertiefung unmittelbar unterhalb des Fußballens fest in den Fuß. Massieren Sie im Kreis.

4 Arbeiten Sie sich an einer Linie in der Mitte des Fußes entlang nach unten vor.

HEILEN DES UNTERLEIBS

Vielleicht erinnern Sie sich an das behagliche Gefühl, das Sie als Kind empfanden, als Ihre Mutter Ihren Bauch rieb, wenn Sie sich nicht wohl fühlten. Als Erwachsener können Sie dasselbe Gefühl geben und empfangen.

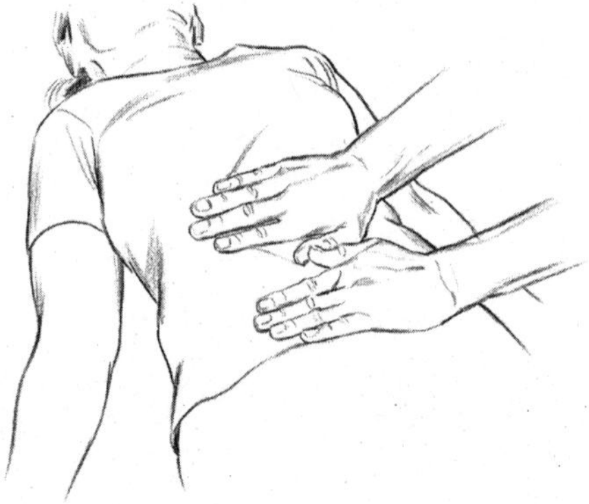

1 Sorgen Sie dafür, dass die Person, die massiert werden soll, sich bequem auf dem Boden hinlegt. Setzen Sie sich dicht neben sie und legen Sie Ihre Hände auf den Bauch oberhalb des Nabels. Konzentrieren Sie sich auf die Wärme Ihrer Hände und den Rhythmus des Atems.

2 Beginnen Sie, die Person mit leicht hohlen Händen sanft vor und zurück zu schaukeln.

3 Bewegen Sie sich mit der Basis Ihrer Handfläche kreisförmig um den Bauch herum.

Kapitel 4

Ihr integriertes Gehirn

„Jeder materielle Gegenstand hat seine himmlische Seite;
jeder wird, indem er den Weg durch die Menschheit nimmt,
in die geistige und unvergängliche Sphäre emporgehoben,
wo er eine ebenso unzerstörbare Rolle spielt wie alles andere."

Ralph Waldo Emerson

Unsere Diskussion wendet sich an dieser Stelle dem Thema Gehirnintegration zu. Dieser Aspekt von BEST bewirkt eine Wiederzusammenführung der verschiedenen Verarbeitungszentren des Gehirns und belebt erneut schlummernde Verbindungen zwischen dem Denken, Fühlen und Schlussfolgern. Gehirnintegration trägt dazu bei, dass Sie Ihr wahres Selbst entdecken.

Das menschliche Gehirn ist die komplexeste Struktur, die wir uns vorzustellen vermögen. Seine Milliarden Neuronen sind in zahllosen neuronalen Verbindungen miteinander verflochten und es ist ein lebendiges, dynamisches System. Millionen Nervenzellen sterben jeden Tag ab, während mehr Zellen infolge neuer Erfahrungen erzeugt werden. Obwohl wir in unserem Wissen über die hormonellen, elektrischen und funktionellen Abläufe große Sprünge vollzogen haben, sind wir immer noch Lichtjahre davon entfernt zu verstehen, wie das physikalische Gehirn das Selbst, das Gewahrsein und das Bewusstsein hervorruft.

Gemäß einer Studie des Jahres 2006, durchgeführt an der Yale School of Medicine, läuft die Kommunikation innerhalb des Gehirns sowohl unter Nutzung digitaler als auch analoger Kodierung ab. Digitale Signale – die Ja/Nein-Option, die die heutigen Computer vom Auto bis zur Videokamera in allem definiert – sind sehr effizient und wurden für ausreichend erachtet, um das Gehirn seine komplizierte Arbeit verrichten zu lassen. Doch weit gefehlt! Es erweist sich, dass auch analoge Signale beteiligt sind, die von Änderungen in der Stromspannung der elektrischen Impulse abhängen, die unser Gehirn antreiben. Das Ergebnis ist eine sehr viel raffiniertere und effizientere Lösung, als wir es je erwartet hätten. Unser Gehirn steckt voller Überraschungen, und wir selbst ebenso. Ihr Gehirn verleiht Ihnen das Potential, sich selbst in jedem beliebigen Alter neu zu erfinden.

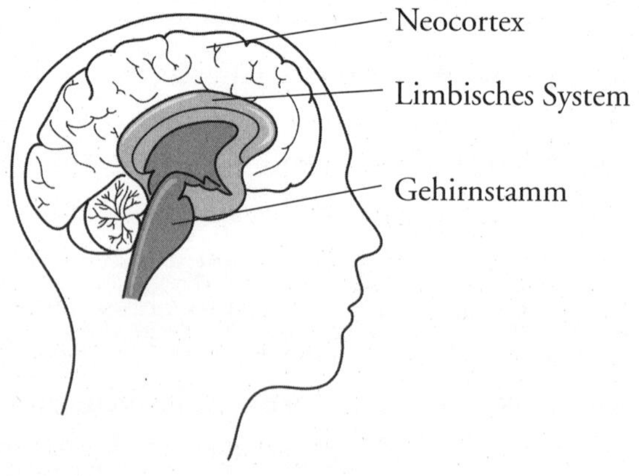

Drei Schichten des Gehirns

Ihr Drei-Ebenen-Gehirn

In gewisser Hinsicht besteht Ihr Gehirn aus drei Gehirnen, die zusammengeschichtet sind. Es hat drei Teile, die unsere evolutionäre Vergangenheit widerspiegeln. Auf der tiefsten Ebene ist unser Hirnstamm bzw. das sogenannte Reptiliengehirn, der R-Komplex. Dies ist das Gehirn, das wir von unseren fernen Vorfahren geerbt haben, lange bevor sie menschliche Wesen waren. Dieses Gehirn ist der Ort unserer primitivsten Instinkte: Fortpflanzung, Bewegung, Angriff-oder-Flucht-Reaktion und Territorialität. Das Reptiliengehirn ist tendenziell sehr resistent gegenüber Veränderungen.

Über dem R-Komplex befindet sich das limbische System. Die Teile dieses höheren Gehirns kontrollieren Lernen und Gedächtnis, den Ausdruck von Emotionen und das Verknüpfen vergangener Ereignisse mit starken Gefühlen. Wenn Sie sich also an eine traumatische Trennung von einem Freund oder einer Freundin vor vielen Jahren erinnern und die Wut und Trauer noch einmal empfinden, dann ist Ihr limbisches System in Aktion. Dieses Zentrum ist auch verantwortlich für Bindungen und beschützende, liebevolle Gefühle, daher könnte es auch als die Quelle unserer emotionalen Intelligenz bezeichnet werden.

Auf der Spitze der evolutionären Leiter schließlich befindet sich der Neocortex. Dies ist der jüngste und größte Teil des Gehirns, der Sitz des höheren Denkens, des Schreibens und der Sprache, unserer Fähigkeit zu schlussfolgern und zu analysieren und die Zukunft vorwegzunehmen.

Diese drei Gehirne erfüllen die ihnen jeweils eigenen Funktionen, sind jedoch auch tief miteinander verbunden und verknüpfen Denken, Gefühle, Gedächtnis und Handeln in jener komplexen Art und Weise, die uns menschlich macht. Dieses Nervennetzwerk hat das

Potential, unser Gehirn agil und aufnahmefähig und unser Gefühlsleben reich und lohnend zu machen, ganz gleich, wie alt wir sind. Und doch wird dieses Potential häufig nicht ausgeschöpft, weil die jahrzehntelangen Traumata oder Gewohnheiten den Energiefluss zwischen diesen Gehirnzentren schädigen.

Gehirnintegration heilt diese Schädigung. Dieser Übungsbereich ermöglicht es Ihnen, Ihre Gedanken und Gefühle vollständiger zu integrieren und Ihre ganze, wahre Persönlichkeit zum Vorschein zu bringen. Das Ergebnis? Ein gesunder Körper, bereicherte Gefühle und blühende Kreativität – Sie werden der Mensch, der Sie immer schon werden wollten.

Die Hürden des Alters

Im Verlauf der Jahre haben Sie ein Gefühl Ihres Selbst gebildet, eine Art, den Menschen zu identifizieren, der Sie sind. Ihre Arbeit, Ihre Beziehungen, Ihre Familie, Ihr Glaube, Ihre Gesundheit – dies alles sind Teile dieses geistigen Selbstporträts, das Sie „ich" genannt haben. Doch wenn die Jahre vergehen, hat das Leben unter Umständen weniger mit Stabilität und mehr mit Übergängen zu tun. Geliebte Menschen und Freunde sterben. Sie gehen nach einer langen Berufskarriere in den Ruhestand. Die Kinder ziehen aus. Sie selbst verlassen das Heim, in dem Sie Jahrzehnte gelebt haben.

Diese Veränderungen können Ihr Identitätsgefühl erschüttern und Ihnen das Gefühl vermitteln, steuerlos, ohne Kontrolle zu sein. Die fein abgestimmte Integration Ihrer Gedanken, Gefühle und Handlungen kann wegfallen. Ihr Denken gerät in Verwirrung und Ausbrüche von Zorn oder depressive Phasen werden alltäglicher. Da Ihnen klar wird, dass einige der an den Nerven zerrenden Übergänge, die

Sie durchmachen, dauerhaft sind, werden Sie leicht zu der Annahme verleitet, Ihre Identität sei verloren gegangen. Wenn Sie nicht Ihre Arbeit, Ihre Ehe, Ihr gesunder Körper oder Ihr Heim sind, wer sind Sie dann?

Dies kann eine schwierige, herausfordernde Zeit im Leben sein. Verständlicherweise haben wir Angst, wenn wir mit der Auflösung all dessen konfrontiert werden, von dem wir denken, es mache das aus, was wir sind. Entscheiden Sie sich jedoch dafür, die BEST-Perspektive einzunehmen, dann kann es auch eine Zeit sein, die ein ungeheures Potential für die Zukunft in sich birgt.

Sich selbst neu erfinden

Sie sind nicht nur Ihre Gedanken, Gewohnheiten, Erinnerungen, emotionalen Reaktionen, Auslöser und Neigungen. Das wäre, als würde man sagen, ein Computer sei lediglich eine Ansammlung von Mikroprozessoren und Laufwerken. Doch ein richtig montierter Computer wird zu einem Hilfsmittel, um dieses Buch zu schreiben, Menschen ins All zu schicken oder die Welt zu verändern. Und so sind auch Sie nicht nur die Summe der drei Teile Ihres Gehirns, sondern das Potential, das sich aus ihrer Kombination ergibt. Es ist möglich, die Übergangsperioden des späteren Lebens nicht als Krisen, sondern als Gelegenheiten, die Person, die Sie sind, neu zu definieren. Gehirnintegration verstärkt diese Neudefinition.

Gehirnintegration vereint die disparaten Zentren Ihres Gehirns, stellt den Energiefluss wieder her und erneuert die Kommunikation. Der Prozess ermöglicht es Ihnen, jenes Selbst loszulassen, das auf Lebensaspekten beruhte, die sich geändert haben, und versetzt Sie in die Lage, eine neue Identität zu erschaffen, die auf dem Heute basiert – auf Ihren neuen Beschäftigungen, Beziehungen und Leidenschaften.

Stellen Sie sich vor, Sie könnten Ihr überholtes Selbst-Gefühl abwerfen und den ungewollten Einfluss anderer Menschen und Ereignisse loslassen. Sie wären frei zu entscheiden, welche Teile Ihres neuen Lebens Sie ausmachen, und Ihre Gefühle ohne Angst zu erfahren. Gehirnintegration errichtet neue, widerstandsfähige Verbindungen zwischen Ihren drei Gehirnzentren und den Gehirnhälften – dem linearen und analytischen linken und dem kreativen und intuitiven rechten Gehirn. Sie werden fähig sein, Ihre Kreativität freizusetzen, Ihre Gefühle zu kontrollieren und Situationen sowohl aus einer rationalen als auch intuitiven Perspektive anzugehen.

Statt eines im Alterungsprozess durch Traumata fragmentierten Gehirns werden Sie finden, dass die Erfahrungen und das Wissen, die Sie in Ihrer Lebenszeit angehäuft haben, wie die Teile einer wunderbaren Maschine ineinandergreifen und Sie zu neuen Ebenen der Einsicht befördern. Dazu gehören:

- ein erweitertes Gewahrsein Ihrer Umgebung
- ein Sinn für die Einheit der Existenz
- ein größeres Selbst-Gewahrsein
- das Entwickeln neuer Talente
- tiefere, erfüllendere emotionale Beziehungen
- größere Weisheit

Ältere Menschen, die Gehirnintegration oft praktizieren, stellen häufig fest, dass sie von neuen Arten des Zeitvertreibs angezogen werden, neuen Sinn in ihrem Leben entdecken und ihre Beziehungen mit Freunden und Familienmitgliedern heilen. Wer weiß – vielleicht entdecken Sie eine Liebe zum Schreiben, von der Sie bislang nichts wussten, entscheiden sich, Mentor für einen jungen Schüler zu sein oder sich einem neuen Kreis von Freunden anzuschließen, die auf demselben Weg sind wie Sie. Gehirnintegration ist eine Herausforderung, doch wenn Sie erst einmal die ersten drei Schritte bewältigt haben, werden Sie bereit sein.

Gehen Sie tief in sich

Gehirnintegration beruht stark auf Selbstreflexion; sie verlangt, dass Sie vollkommen ehrlich sich selbst gegenüber sind. Aufbauend auf Ihrer vorhergehenden BEST-Arbeit, in der Sie gelernt haben, früheren Schmerz und vorgefasste Meinungen loszulassen, werden Sie Ihre grundlegenden Auffassungen über sich selbst und Ihr Leben in Frage stellen.

Sie werden fundamentale Fragen über Ihr Selbst, den bewussten Beobachter, stellen. Da Sie Ihren kritischen, mit Selbstzweifeln behafteten Geist zum Schweigen bringen, werden Sie allmählich Ihr Gehirn ungefiltert sprechen hören. Dieses Organ hat teil an den größeren Wahrheiten der spirituellen Welt; es ist Ihr Verbindungsglied zu größerer, vereinigter Weisheit. Sobald Sie nicht mehr versuchen, den Fluss dieser Weisheit durch das zu beeinflussen, was Sie sozial, politisch oder spirituell akzeptabel finden, werden Sie frische Wahrheiten sehen. Diese Wahrheiten werden nicht immer bequem sein. Das ist in Ordnung. Veränderung ist nicht immer bequem. Doch sie mit Mut anzugehen ist der Schlüssel zum Glück.

Mit fortschreitendem Alter werden wir festgelegter in unseren Gewohnheiten. Vielleicht haben Sie schon seit Jahren eine bestimmte politische Partei gewählt, einer bestimmten religiösen Richtung angehört oder hatten eine bestimmte Überzeugung in Bezug auf eine

Gruppe von Menschen, ohne jemals wirklich zu wissen, warum. Wir neigen dazu, Fakten zu ignorieren, die unseren langjährigen Überzeugungen widersprechen. Diese Tendenz ist bekannt als sogenannter Bestätigungsfehler bzw. Confirmation Bias und unser Gehirn ist dafür konzipiert.

Eine Studie, die 2004 an der Emory Universität durchgeführt wurde, zeigte dies während eines Zeitraums vor dem Präsidentschaftswahlkampf zwischen George W. Bush und John Kerry. Dreißig Männer, von denen die eine Hälfte sich als „überzeugte Republikaner" und die andere Hälfte sich als „überzeugte Demokraten" bezeichnete, wurden gebeten, miteinander unvereinbare Aussagen der Kandidaten zu bewerten. Magnetresonanztomographien zeigten, dass der Teil des Gehirns, der mit logischem Denken zusammenhängt, während dieses Vorgangs nicht aktiv war. Die Teile, die an Emotionen, Konfliktlösung und Beurteilungen moralischer Verantwortung beteiligt sind, schmissen den Laden; anders gesagt: Wir glauben das, was wir glauben wollen.

Das höhere Erkenntnisvermögen, das durch Gehirnintegration ermöglicht wird, befreit Sie von dieser Art des Denkens. Statt unter die Kontrolle unbewusster Gehirnprozesse zu geraten, kontrollieren Sie die Arbeitsweise des Gehirns. Sie sitzen im Pilotensessel. Sie haben das Kommando. Sie mischen bewusst Gefühle, Analyse und Erfahrung, um zur besten Entscheidung zu gelangen. Denn was nützt es, über sechzig, siebzig oder achtzig Jahre hart erworbener Weisheit und Urteilskraft zu verfügen, wenn Sie sie nicht nutzen können, um das lohnende, großzügige, liebevolle Leben zu führen, das Sie immer schon führen wollten?

Provozierende Fragen

Teil dieses Prozesses ist es, dass Sie sich selbst provozierende Fragen stellen – solche, für die sich die meisten von uns keine Zeit nehmen, weder um sie zu stellen, noch um sie zu beantworten. Die Fragen werden für jeden andere sein, ebenso wie die Antworten. Hier sind jedoch schon einmal einige Beispiele, die dazu geeignet sind, Sie in die richtige Richtung zu lenken:

- Was für ein Mensch will ich werden?
- Wie wünsche ich mir mein späteres Leben?
- Was sind meine Ziele?
- Welchen Schmerz der Vergangenheit bin ich bereit zu vergessen?
- Wem sollte ich vergeben?
- Welche Eigenschaft möchte ich vorrangig in mir entwickeln?

Dies sind keine leichten Fragen. Doch Ihr Gehirn ist jeder Aufgabe gewachsen; nach jahrelanger Erfahrung tragen Sie das Wissen in sich, solche Fragen zu beantworten. Der Schlüssel dazu ist, sich selbst zu vertrauen, nicht vor dem zurückzuschrecken, was Ihre tiefe Selbsterforschung Ihnen sagt. Sie haben viel gesehen und verfügen über tiefe Einsicht. Vertrauen Sie auf Ihre alte Weisheit. Gratulieren Sie sich selbst, dass Sie über die Fähigkeit und den Mut verfügen, die unterirdischen Tiefen Ihres Bewusstseins zu sondieren.

Ein neues Ich erschaffen

Solche Fragen zu stellen ist nur ein Teil des Prozesses. Der zweite Teil der Gehirnintegration besteht darin, aus dem Wissen, das Sie hinzugewinnen, eine neu belebte, aufgefrischte Identität zu bilden. Sie löschen den Menschen, der Sie waren, nicht aus – dieser Mann oder diese Frau existiert noch. All Ihre Erfahrung der Vergangenheit besteht fort als Quelle Ihrer Weisheit und Ihres Urteilsvermögens. Sie sind jedoch auch nicht mehr in Ihrer alten Identität gefangen. Stattdessen bauen Sie sich im Wesentlichen neu wieder auf, indem Sie ein geliebtes Haus bis zum Fundament abreißen, dabei Holz, Stein und Glas aufbewahren und aus denselben Materialien ein neues Haus errichten. Sie enden mit einem frischen, aufregenden neuen Gebäude, das dasselbe Fundament hat wie zuvor. Sie werden eine neue Inkarnation jenes Menschen, der Sie schon immer waren, mit einer neuen Identität, die aus Ihren Werten, Überzeugungen, Fähigkeiten, Zielen und Leistungen und Ihren Gefühlen gegenüber sich selbst konstruiert wurde.

Wenn Sie einen Satz mit den Worten beginnen, „ich bin ein Mensch, der…“, beenden Sie ihn normalerweise mit einer Aussage über das, woran Ihnen etwas liegt (wie Gerechtigkeit, Geld oder Familie), was Sie können (singen, Marathon laufen, Holländisch sprechen), was Sie im Leben wollen (eine Lehrerin sein, Marcel Proust lesen) oder an was Sie glauben (Gott, die Demokratie). Wenn Sie sich selbst Fragen stellen, werden Sie neue Werte, Überzeugungen, Ziele und Fähigkeiten entdecken, die in den zahlreichen Schichten Ihres Geistes verborgen waren. Sie werden einige Ihrer lieb gewordenen Werte und Überzeugungen in einem neuen Licht sehen und einige davon werden neu arrangiert und geprüft. Sie werden über die Konstruktionsmaterialien verfügen, die Sie benötigen, um eine klarere, stärkere, freudvollere Identität aufzubauen, die Ihr enormes Potential widerspiegelt.

„Ich wusste gar nicht, dass ich das kann!"

Wahrscheinlich kennen Sie diesen alten Witz schon: „Ein Mann fragt seinen Arzt, nachdem er wegen einer gebrochenen Hand behandelt worden ist: „Herr Doktor, sagen Sie mir, werde ich jemals Geige spielen können?"
Der Arzt untersucht die Hand des Mannes. „Ja, ich glaube schon."
„Das ist ja toll! Das konnte ich bisher noch nie."

Hatten Sie jemals den Wunsch, etwas wie Klavierspielen zu lernen, dachten aber, es mangele Ihnen am nötigen Talent? Das ist eine verborgene Fähigkeit – Talente oder Fertigkeiten, die Sie in Ihrem Unterbewusstsein haben, denen Sie aber im normalen Leben keinen Ausdruck verleihen. Wir alle verfügen über solche Fähigkeiten, doch die meisten von uns entdecken sie nie. Die Fragmentierung unseres Gehirns und die endlosen Belastungen des täglichen Lebens sorgen dafür, dass sie verborgen bleiben.

Mit zum wundervollsten Lohn der Gehirnintegration gehört, dass Sie nach und nach Ihre schlummernden Fähigkeiten entdecken. Wenn Sie bereits an der Schwelle des Pensionsalters oder älter sind, ist das besonders befriedigend. Schließlich sind Sie in einem Alter, in dem von Ihnen nicht erwartet wird, noch etwas Neues zu lernen. Doch allein durch beständiges Wachsen und Lernen erhalten Sie Geist und Körper jung. Wie großartig ist es dann festzustellen, dass Sie – gewissermaßen – Geige spielen können!

Jedes menschliche Gehirn hat das Potential für Hunderte von Fertigkeiten und Talente, vom Italienischsprechen bis hin zum Kochen wie ein Chef de Cuisine im feinsten Pariser Restaurant. Was wäre, wenn Sie einige Ihrer verborgenen Talente anzapfen könnten? Was, wenn Sie im Alter von sechzig oder siebzig Noten lesen lernen und in einem Chor singen könnten oder wenn Sie sich darauf verlegen würden, Oldtimer-Motorräder zu reparieren und zu restaurieren? Wie viel Freude würde dies in Ihr Leben bringen? Was auch immer Sie wählen, sorgen Sie dafür, dass es etwas für Sie wirklich Lohnendes und Erfüllendes ist. Streichen Sie die Worte „ich kann nicht" aus Ihrem Vokabular. Denken Sie daran, dass Ihr Gehirn über Neuroplastizität verfügt, die Fähigkeit, als Reaktion auf neue Erfahrungen Nervenverbindungen zu bilden. Ihre schlummernden Fähigkeiten zu entdecken ist eine phantastische Methode, Ihr Gehirn zu stimulieren, sich im Lauf der Jahre anzupassen und zu verbessern.

Ein neues Bewusstsein

Wenn Sie Gehirnintegration erreicht haben, werden Sie die Leitung über Ihr Gehirn verbessern. Statt als Beobachter im Hintergrund Prozesse zu verfolgen, die von selbst ablaufen, werden Sie mehr darüber bestimmen, was Ihr Gehirn tut und wie Sie darauf antworten. Sie werden über das verfügen, was Psychologen als Metakognition bezeichnen. Dies bedeutet, Sie sind sich Ihrer eigenen mentalen Prozesse, dessen, was Ihr Geist tut, bewusst.

Wenn Sie diesen Zustand erreicht haben, ändert sich alles. Selbst wenn Sie die ersten sechzig Jahre Ihres Lebens in der Angst vor Risiken zugebracht haben, sind Sie nun in der Lage, die aufkommende Angst zu sehen, sie zu stoppen, zu analysieren und sich dafür zu entscheiden, anders darauf zu reagieren – und all das im Zeitraum eines Wimpernschlags. Das ist Macht. Das ist echtes Selbst-Gewahrsein: die Macht, die Entscheidungen zu kontrollieren, die Sie treffen. Es wird Ihr Leben verändern.

Die richtigen Fragen stellen

In der Gehirnintegration hängt viel von der Art der Fragen ab, die Sie sich selbst stellen. Die Tiefe und der Mut Ihres Fragens bestimmen, wie nützlich die Antworten sind, die Ihr Geist Ihnen liefert. Wenn Sie diesen Teil von BEST ins Auge fassen, schlagen wir vor, dass Sie den Frageprozess bei einigen der folgenden Bereiche beginnen:

- Ihren Beziehungen
- Ihren spirituellen Überzeugungen
- Ihren Lebenszielen
- Ihrem Identitätsgefühl
- Ihrem persönlichen Charakter
- Ihren Fragen über den Sinn des Lebens

Beschränken Sie sich aber nicht nur auf diese Gebiete. Sie sind lediglich Ansatzpunkte, falls Sie Schwierigkeiten haben, sich auf Ihren Geist zu konzentrieren. Wenn Sie dazu in der Lage sind, öffnen Sie Ihren Geist in Entspannung und lassen Sie sich von ihm dorthin führen, wo er Sie hinbringen möchte.

Runde Linien zeichnen

Diese einfachen Zeichenübungen bringen zweierlei wertvollen Nutzen: Erstens steigern Sie die Hand-Augen-Koordination. Zweitens erzeugen Sie einen meditativen Rhythmus, der Ihnen hilft, Ihre Gehirnwellen zu besänftigen und zu beruhigen. Vergessen Sie nicht, die Hand zu wechseln, um die nicht dominierende Gehirnhälfte zu entwickeln. Diese Aufgaben können auch als Aktivitäten zur Gehirnflexibilisierung eingesetzt werden. Beginnen Sie mit dem Unendlichkeitssymbol auf der folgenden Seite und arbeiten Sie sich zu schwierigeren Figuren vor.

1 Zeichnen Sie die Figur auf einen Bogen Papier. Verwenden Sie vorzugsweise großes Papier, so dass Ihr ganzer Arm sich bewegen kann, und nicht nur das Handgelenk. Zeichnen Sie die Figur durchgehend einige Minuten lang nach, bis die Bewegung gleichmäßig und symmetrisch ist.
2 Wenn es relativ leicht geworden ist, das Bild zu zeichnen, wechseln Sie die Richtung.
3 Wechseln Sie nun die Hand und versuchen Sie dasselbe mit der nicht dominierenden Hand. Fahren Sie fort, bis die Bewegung gleichmäßig und entspannt ist. Versuchen Sie auch, die Figuren mit geschlossenen Augen zu zeichnen.

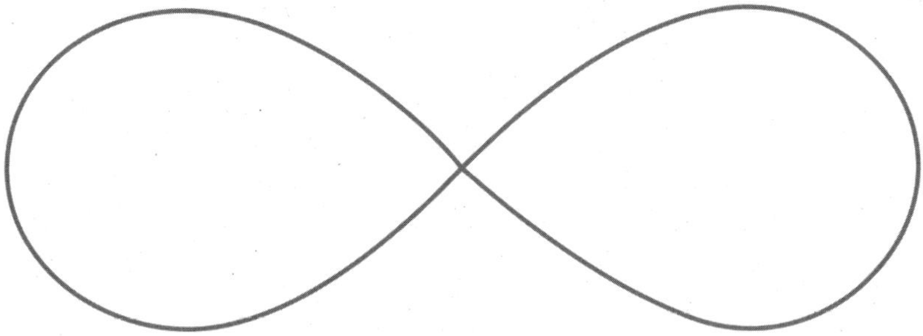

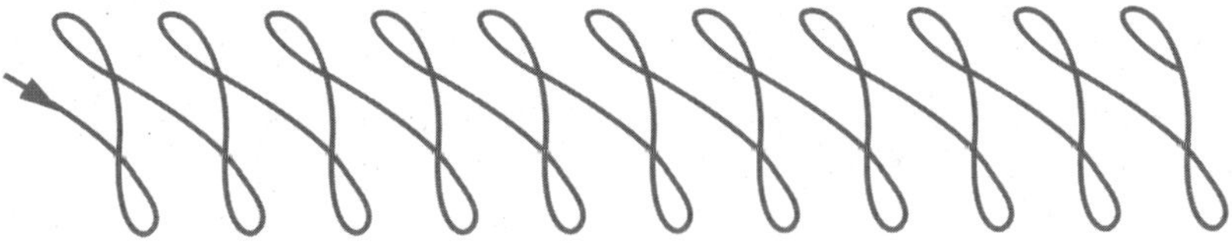

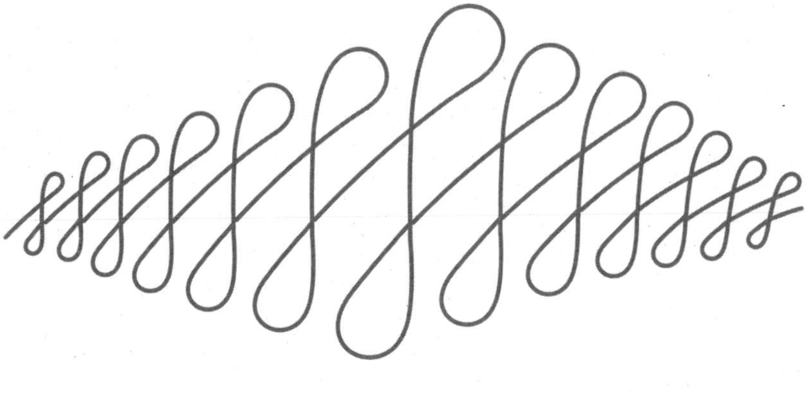

Gehirnwellenschwingung

Wir haben einen hoch entwickelten Neocortex. Er ist so dominant, dass dies mitunter zur Unterdrückung des limbischen Systems und des Hirnstamms führt. Das beste Mittel, die Aktivität des Neocortex zu dämpfen und die Effektivität des Hirnstamms zu maximieren, ist ein repetitiver, beständiger Rhythmus, als würde man beim monotonen Summen einer Klimaanlage einschlafen.

Die Übung der Gehirnwellenschwingung greift auf sich wiederholende, rhythmische Schwingung zurück, um die Aktivitäten des Neocortex zu dämpfen, das limbische System zu aktivieren und es Ihnen zu ermöglichen, mit der Lebensenergie, die sich in Ihrem Hirnstamm befindet, in Verbindung zu treten.

Gehirnwellenschwingung macht es Ihnen möglich, die Initiative zu ergreifen, um eine vibrierende Reaktion in Ihrem eigenen Körper anzuregen. Es gibt kein wie auch immer geartetes vorgegebenes oder bereits festgelegtes Schema, um sich selbst in Schwingung zu versetzen. Sie lassen einfach Ihren Körper mit dem Rhythmus des Lebens mitschwingen. Wenn Sie mögen, spielen Sie Musik mit einem ausgeprägten Rhythmus. Werfen Sie jegliche Befangenheit ab, die verhindert, dass Sie Ihren Bewegungen freien Lauf lassen. Regen Sie sich nicht auf, wenn vereinzelte Gedanken und Gefühle in Ihren Geist eindringen. Lassen Sie sie einfach vorüberziehen.

GEHIRNWELLENSCHWINGUNG – STEHEND

1 Stellen Sie sich hin, die Füße schulterbreit auseinander. Lassen Sie die Hände völlig entspannt an den Seiten herabhängen.

2 Beginnen Sie, indem Sie leicht in den Knien auf und ab federn. Lassen Sie diese Bewegung sich auf Ihren gesamten Körper aus-

dehnen, bis jeder Körperteil im Einklang auf und ab schwingt.

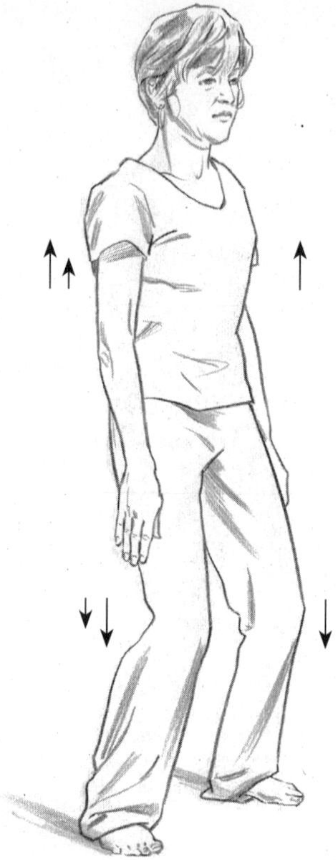

3 Überlassen Sie sich nach und nach der natürlichen Schwingung Ihres Körpers. Lassen Sie Ihren Körper seinen eigenen Rhythmus kreieren. Fühlen Sie alles in Ihrem Körper, einschließlich der Lippen, der Zunge, der Augen und der Haut. Ihr Atem wird automatisch synchron mit Ihren Bewegungen.
4 Während Sie weiterhin schwingen, stellen Sie sich vor, Ihr Hirnstamm, der an der Schädelbasis liegt, würde vor Energie glühen. Stellen Sie sich vor, wie diese Energie sich langsam in Ihrem Gehirn ausbreitet, Ihre Wirbelsäule hinab und durch Ihr Nervensystem nach außen dringt, bis jede Zelle Ihres Körpers in Energie gebadet ist.
5 Ihre bewusste Wahrnehmung wird verschwinden, während Sie nur noch der Schwingung gewahr sind. Sobald Ihr Körper sich entspannt und gelöst fühlt, verlangsamen Sie allmählich Ihre Schwingung und sitzen ruhig.
6 Beobachten Sie Ihren Puls, Atem und Geist. Beruhigen Sie Ihren Atem und konzentrieren Sie Ihren Geist auf Ihren Unterleib.
7 Während Sie sitzen und sich ausruhen, richten Sie Ihre Aufmerksamkeit auf Ihren Puls, den Atem und den Geist. Fühlen Sie, wie die Schwerkraft Ihren Körper zur Erde hin zieht, und spüren Sie, wie Energie in Ihrem Körper zirkuliert. Konzentrieren Sie sich auf Ihren Bauch, um die Energie in die Körpermitte zu ziehen.

Kreativitätsübungen

Wahre Kreativität entspringt einem integrierten Gehirn. Sie erfordert, dass Rationales, Emotionales und Spirituelles zusammentreffen und etwas Bedeutungsvolles hervorrufen, das alle Seiten des menschlichen Geistes zufrieden stellt. Dafür müssen Sie jedoch der Falle Ihrer eigenen vorgefassten Ansichten entkommen, um auf neue Art und Weise etwas Neues zu sehen. Probieren Sie es einmal mit den folgenden Übungen, um Ihr kreatives Vermögen freizusetzen.

MUSIKZEICHNEN

Diese Übung wird Ihnen dabei helfen, Musik tief zu fühlen und sich selbst spontan auszudrücken. Sie brauchen dazu drei große Bögen Papier und einige Stifte.

1 Stellen Sie drei stilistisch unterschiedliche Instrumentaltitel zusammen. Versuchen Sie es zum Beispiel mit einer fröhlichen Polka, einem sanften Schlaflied oder einem aufbrausenden Orchesterstück.
2 Setzen Sie sich mit geschlossenen Augen bequem hin und hören Sie ruhig eines der Musikstücke an. Beachten Sie jegliche Farben oder Gefühle, die Ihnen in den Sinn kommen.

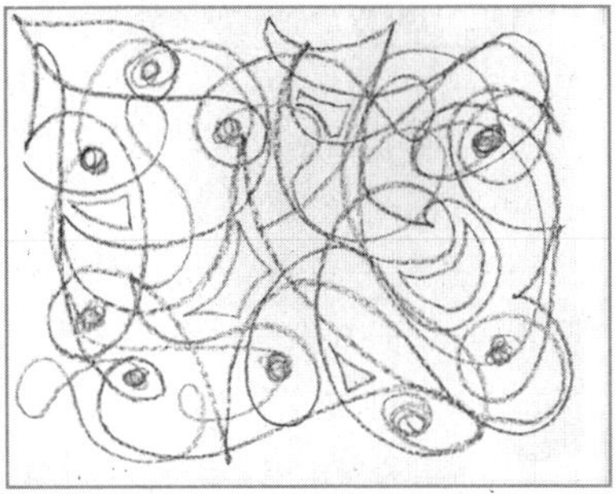

3 Sammeln Sie Stifte, deren Farben die Musik am besten darstellen.
4 Spielen Sie nun das Stück noch einmal, wobei Sie es diesmal „zeichnen". Lassen Sie Ihre Hand sich frei auf die Musik reagierend bewegen. Tun Sie dasselbe mit den anderen beiden Musikstücken.

KAUDERWELSCH

Dieses Spiel kann zwar allein gespielt werden, aber für ein paar zusätzliche Lacheffekte ist es gut, wenn ein Freund oder eine Freundin mitmacht. Obwohl Sie durchgehend Geräusche machen, werden Sie feststellen, dass Ihr Geist sich während der Übung leert, was wiederum Raum schafft für kreative Arten des Denkens.

1 Blicken Sie im Spiegel in Ihre eigenen Augen oder die Augen eines Partners.
2 Beginnen Sie, ein Gespräch mit unsinnigen Wörtern zu führen, einschließlich aller erforderlichen Gesten und Gesichtsausdrücke. Machen Sie so lange weiter, wie es sich natürlich anfühlt; bis Ihr „Gespräch" vorüber ist.

ENERGIETANZ

Diese Übung steigert Ihr Energiegewahrsein, während sie gleichzeitig Ihre natürliche innere Anmut und Ausdruckskraft befreit. Sie sollten die Übung „Energie spüren" auf S. 71 machen, bevor Sie an diese Übung herangehen.

1 Setzen Sie sich bequem auf den Boden im halben Lotussitz.
2 Folgen Sie ein paar Minuten lang den Anweisungen der Übung „Energie spüren" auf S. 71.

3 Konzentrieren Sie sich auf die Handflächen und lassen Sie Ihre Hände frei dem Energiefluss folgen. Sie werden fühlen, wie der ganze Körper sich ganz natürlich bewegt. Das ist der Beginn des Energietanzes.
4 Lassen Sie Ihren Körper sich ganz natürlich mit dem Energiefluss mitbewegen. Ideal ist es, Hintergrundmusik zu haben, die die Bewegungen des Körpers während des Übens natürlich zu steuern vermag.

Übungen zum Energieaufbau

Diese Übungen sind dazu bestimmt, Ihr inneres Energiesystem aufzubauen. Wegen ihrer starken Auswirkungen auf den Körper wäre es ebenfalls möglich, sie als Übungen zur Gehirnsensibilisierung zu betrachten, aber sie unterstützen Sie auch in Ihrem Transformationsprozess. Sie können eingesetzt werden, um Kraft, Ausdauer, Vitalität und Willenskraft aufzubauen, während man auf neue Ziele hinarbeitet. Einige Übungen sind vielleicht recht anspruchsvoll. Dennoch sollten Sie dabeibleiben. Sie werden überrascht sein, wie viel besser Sie sich fühlen.

ENERGIE TANKEN AN DER WAND

Wenn wir müde sind, wollen wir uns normalerweise nicht bewegen. Doch gerade das sind die Zeiten, in denen wir körperliche Übungen am nötigsten haben. Wenn Sie nicht genügend Ausdauer besitzen, um Ihr Trainingsprogramm vollständig zu absolvieren, versuchen Sie es einmal mit dieser einfachen, aber wirkungsvollen Übung zum Energieaufbau.

1 Legen Sie sich auf den Rücken, das Gesäß nah an der Wand und die Beine hochgestellt an der Wand ruhend.
2 Legen Sie Ihre Hände auf Ihren Bauch. Wenn diese Haltung unbequem ist, weil Ihre hinteren Oberschenkelmuskeln angespannt sind, rücken Sie mit Ihrem Gesäß ein wenig von der Wand ab.
3 Strecken Sie beide Beine gerade nach oben aus, so gut Sie es vermögen. Biegen Sie Ihre Füße und drücken Sie Ihre Fersen heraus.
4 Halten Sie Ihren Kopf auf dem Boden und Ihren unteren Rücken so nah am Boden wie möglich. Atmen Sie tief in Ihren Unterleib hinein.
5 Schließen Sie die Augen und konzentrieren Sie sich auf den Energiefluss in Ihrem Körper.

ENERGIEAKKUMULATOR

Diese Übung wird Sie dabei unterstützen, sich stark, geerdet und zentriert zu fühlen. Mit dieser Übung können Sie Ihre persönliche Stärke und Integrität steigern.

1 Stehen Sie aufrecht, die Füße schulterbreit auseinander und parallel. Achten Sie darauf, dass Ihr Gewicht gleichmäßig verteilt ist, so dass es fest über beiden Fußsohlen ruht.
2 Ziehen Sie sanft Ihr Steißbein ein.
3 Entspannen Sie Ihren Oberkörper, heben Sie die Hände auf Brusthöhe, so dass ein etwa dreißig Zentimeter breiter Abstand zwischen ihnen liegt.

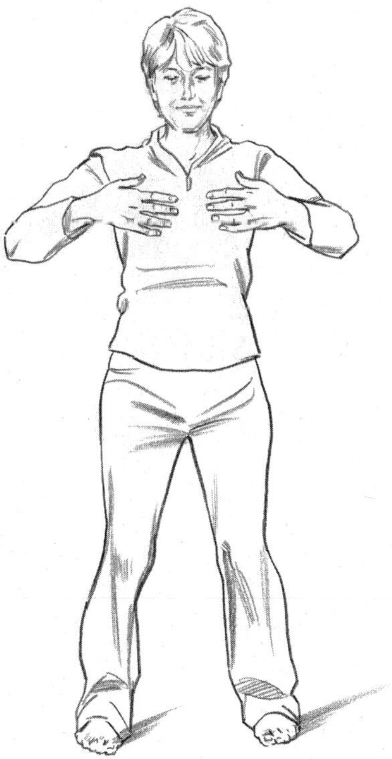

4 Stellen Sie sich vor, Sie hätten einen Energieball zwischen Ihren Händen und Ihrer Brust.
5 Konzentrieren Sie sich auf Ihren Unterleib und behalten Sie diese Haltung etwa drei bis fünf Minuten bei.

SCHLAFENDER TIGER

Diese Übung soll den Körper stärken, verjüngen und energetisieren.

1 Legen Sie sich bequem auf den Boden.
2 Heben Sie Ihre Arme gerade in die Luft, so dass die Handflächen der Decke zugewandt sind. Beugen Sie leicht die Ellenbogen und biegen Sie die Handgelenke nach hinten.
3 Heben Sie Ihre Beine vom Boden ab, indem Sie an Hüft- und Kniegelenken Neunzig-Grad-Winkel bilden. Halten Sie Ihre Füße parallel und Ihre Beine schulterbreit auseinander.
4 Atmen Sie bequem mit Ihrem Unterleib. Bleiben Sie eine Minute in dieser Position und dehnen Sie die Zeit nach und nach immer mehr aus. Wenn Ihnen die Haltung geläufig ist, behalten Sie sie so lange bei, wie es Ihnen möglich ist.

LIEGESTÜTZEN

Liegestützen sind eine altmodische Übung, doch ihr Nutzen ist so unbestreitbar gegeben wie eh und je. Diese Übung wird Sie dabei unterstützen, Vertrauen in Ihren Körper und Geist zu gewinnen. Beginnen Sie mit einer niedrigen Anzahl und setzen Sie sich nach und nach eine immer höhere Anzahl als Ziel.

1 Legen Sie Ihre Handflächen auf den Boden, direkt unter den Schultern. Halten Sie Ihren Körper völlig gerade, während Sie ihn vom Boden abstoßen.
2 Beugen Sie die Ellenbogen in einem Neunzig-Grad-Winkel, während Sie Ihren Körper auf den Boden absenken. Halten Sie Rücken und Beine gerade und die Füße zusammen. Anfangs dürfen Sie Ihre Knie auf dem Boden absetzen, wenn es schwierig ist.
3 Drücken Sie sich wieder zurück in die Anfangsposition und wiederholen Sie das Ganze.
4 Machen Sie so viele Liegestützen, wie Sie können.

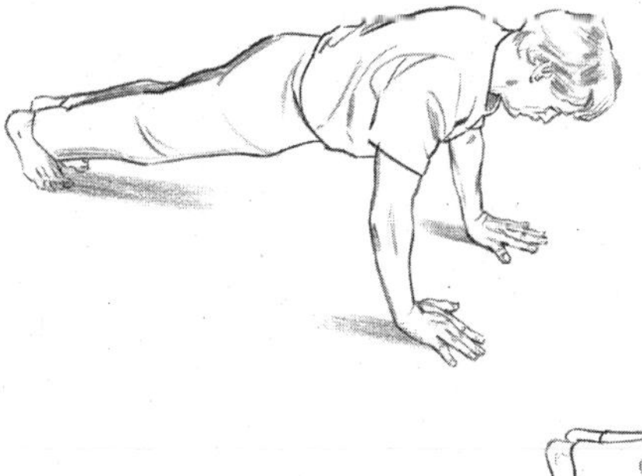

Kapitel 5

Ihr souveränes Gehirn

„Lehre uns, unser Leben zielgerichtet zu leben und mit Kraft für Visionen von einer besseren Welt und für die Stunde der Entscheidung; den Weg des Lebens zu wählen, den Weg des Todes zurückzuweisen, bis die strahlende Kraft Gottes den Geist und die Stärke und den Atem erfüllt."

Walter J. Mathams

Wir schließen mit einem Blick auf die Gehirnsouveränität, die gesammelten BEST-Lehrinhalte, die Ihnen, wenn sie als Lebensstil praktiziert werden, größere Kontrolle über Ihr Gehirn verleihen und Ihre Fähigkeit steigern, Ziele, die Ihnen wichtig sind, zu erreichen. Zunächst jedoch eine kurze Geschichte.

Im alten Indianer-Märchen Springende Maus lebte ein Mäuserich einst mit anderen Mäusen in seinem Dorf und verbrachte all seine Zeit ebenso wie die anderen damit, Samen zu sammeln, Geröll zu verschieben und in der Gegend herumzustromern. Die ganze Zeit über hörte er jedoch ein merkwürdiges Brausen. Als er es den anderen Mäusen gegenüber erwähnte, verspotteten sie ihn. Doch schließlich sollte Springende Maus doch noch herausfinden, was es mit dem brausenden Geräusch auf sich hatte. Er begegnete Waschbär, der ihn zum Großen Fluss mitnahm, wo er Bruder Frosch traf. Frosch erklärte ihm, wenn er seine eigene Medizin haben wolle, solle er so hoch springen, wie er es vermochte. Springende Maus sprang und erblickte die heiligen Berge – auf diese Weise kam er zu seinem Namen.

Sobald er die heiligen Berge gesehen hatte, kehrte Springende Maus zu seinen Leuten zurück, um ihnen von seiner Vision zu erzählen. Doch die anderen hörten ihm nicht zu. Sie waren nicht fähig, mit seinen Augen zu sehen. Sie nahmen nur das wahr, was andere vor ihnen bereits wahrgenommen hatten. Also machte sich Springende Maus allein auf den Weg, die heiligen Berge zu finden. Er gab seine Augen anderen Tieren, damit sie sehen sollten; dadurch wurde er selbst blind. Mit ihrer Hilfe setzte er seine Suche fort. Schließlich erreichte er den Gipfel des heiligen Berges und fand den großen See, in dem die ganze Welt gespiegelt wird. Allein und nur noch mit seinem Tastsinn ausgestattet, war Springende Maus zufrieden in dem Wissen, dass der große Adler ihn am Ende holen würde. Ein Adler schoss herab, Springende Maus hörte das Rauschen seiner Flügel, und alles wurde schwarz.

Plötzlich erwachte Springende Maus und merkte, dass er Farben sehen konnte. Eine Stimme fragte ihn, ob er Medizin haben wolle, und er antwortete ja. Die Stimme forderte ihn auf, so hoch zu springen, wie er konnte. Der Wind ergriff ihn und trug ihn hoch in die Lüfte, von wo aus er Büffel und Waschbär und den Medizinsee und den heiligen Berg sehen konnte. Er erkannte seinen Freund Frosch am See und rief zu ihm hinunter: „Hallo, Bruder Frosch!" Der Frosch rief zurück: „Hallo, Bruder Adler!"

Die eigene Verwandlung vollenden

Diese Geschichte ist universal. Indem Wanderer ihren Geist öffnen und bei ihrer Suche über den Tellerrand hinaussehen, gelangen sie zu einer größeren Weisheit, einer umfassenderen Sicht nicht nur der Welt, sondern auch ihrer selbst. Sie lernen zu geben und durch den Akt des Gebens erhöht zu werden. Andere mögen spotten und ihre Absichten missverstehen, aber am Ende sind sie transformiert.

Dies ist das Wesentliche an Ihrer Reise. Als jemand, der fünf, sechs, sieben Jahrzehnte oder länger gelebt hat, haben Sie wahrscheinlich festgestellt, dass von Ihnen erwartet wurde, sich an gewisse vorgegebene Vorstellungen zu halten. Doch die ganze Zeit schon haben Sie sich gefragt, ob es einen Weg gibt, wie Sie den Begrenzungen Ihrer Denkgewohnheiten entkommen und ein umfassenderer Mensch mit größerem Weitblick werden könnten.

Es gibt einen Weg: die Gehirnsouveränität. Bei der Gehirnsouveränität kommen die Fähigkeiten und Konzepte, die Sie auf den ersten vier BEST-Stufen gelernt haben, als eine einzige vereinigte Disziplin zusammen.

Eine spirituelle Suche

BEST ist eine spirituelle Suche – das Streben, ein Mensch größerer Erleuchtung zu werden, während Sie den Übergang in die reifen Jahre Ihres Lebens vollziehen. Sie haben sehr viele Ziele: von den Traumata der Vergangenheit geheilt zu werden, Frieden zu finden, einen gesünderen Körper zu entwickeln und sogar einen neuen Sinn in Ihrem Leben zu entdecken. Gehirnsouveränität heißt, das

Leben zu finden, das Sie leben wollen, und die geistige Disziplin zu entwickeln, die es Ihnen ermöglicht, Ihr Gehirn in ein Hilfsmittel zum Erreichen dieses Ziels zu verwandeln. Es ist ein kontinuierlicher Prozess, Ihr Gehirn zu verbessern, um ein besserer Mensch zu werden.

Der Essayist Sidney Smith hat einmal gesagt: „Reue wegen jener Dinge, die wir getan haben, kann durch die Zeit gemildert werden; doch die Reue um der Dinge willen, die wir nicht getan haben, vermag nichts zu trösten." Viele von uns haben mit der Reue zu kämpfen, die wir empfinden, weil wir bestimmte Dinge in unserem Leben nicht getan haben. Diese Reue wird mit fortschreitendem Alter durchdringender und schmerzvoller, wie eine Krankheit, die den Frieden und die heitere Gelassenheit vieler älterer Menschen zerfrisst und auf diese Weise das, was eine Zeit der Erforschung, der Vitalität und der Freude sein sollte, in ein Schattenland unerfüllter Versprechen und der Verbitterung verwandelt.

Mit Gehirnsouveränität können Sie sich von den unverwirklichten Zielen Ihrer Vergangenheit losreißen. Sie werden ein Mensch mit neuen Perspektiven und dem neuen Vermögen, die kreativen und logischen Fähigkeiten Ihres Gehirns nutzbar zu machen. Frei von vergangenen Ängsten, Vorurteilen und vorgefassten Ansichten, können Sie eine neue Zukunft erschaffen und mit über siebzig die Dinge tun, die Sie mit fünfunddreißig tun wollten. Haben Sie von jenen Männern und Frauen um die siebzig oder noch älter gelesen, die die Berge des Himalaya besteigen, Literaturpreise gewinnen und Wohltätigkeitsaktivitäten ins Leben rufen, die die Welt verändern? In diesen Menschen ist nichts, was Sie nicht auch hätten. Sie können nicht zurückgehen und Kapitel eins neu schreiben, aber Sie können jetzt beginnen, ein phantastisches Finale hinzulegen.

Herr im Haus

Durch die kontinuierliche, lebenslange Praxis der Gehirnsouveränität werden Sie wahrhaft Meister Ihres Gehirns. Das bedeutet, einen Lebensstil aufzubauen, der teilweise auf die vier vorhergehenden BEST-Stufen bezogen ist. Sie werden fortfahren, sich mit Gehirnsensibilisierung, -flexibilisierung, -auffrischung und -integration zu befassen. Indem Sie dies tun, werden Sie mit der Zeit weiterhin neue neuronale Verbindungswege erzeugen, die dazu beitragen, dass Sie neue Fähigkeiten und Denkarten entdecken, kurz gesagt: Sie werden neue Lösungen für die Probleme des Lebens finden.

Dieser veränderte Lebensstil kann wahrhaftig zu einem neuen Leben führen! Wenn Sie sich zum Beispiel vorher nicht fürs Schreiben interessiert haben, aber nun im Verlauf der Gehirnschulungsreise das Bedürfnis entdecken, Ihre Memoiren zu verfassen, finden Sie sich vielleicht in Autoren-Workshops wieder, treffen andere Autoren und setzen Ihre Kreativität voll ein. Wer weiß – Sie könnten das erste Mal mit über siebzig ein veröffentlichter Schriftsteller sein. Worauf es ankommt, ist, dass Sie etwas Neues versucht haben.

Gehirnsouveränität macht die Jahre der Reife zu dem, was sie sein sollten: eine wesentliche Zeit des Lebens, wenn Sie von Zwängen des Berufslebens und der Kindererziehung befreit sind und es Ihnen freisteht, eine bereichernde, lohnende Existenz anzustreben. So viele ältere Menschen versäumen diese Zeit, weil sie altem Groll anhängen oder zulassen, dass ihr Geist schwach und unzuverlässig geworden ist. Niemand ist jedoch zwangsläufig für ein solches Schicksal bestimmt. Die Forschung zeigt uns, dass unser Geist, unsere Gefühle und Einstellungen einen Einfluss darauf haben, wie lange und wie gut wir leben – ebenso sehr oder sogar noch mehr als das, was wir essen oder wie viel Sport wir treiben. Eine positiver, hoffnungsvoller, neugieriger Geist ist ein Hilfsmittel für das Erforschen all der Wunder, die das spätere Leben zu bieten hat: Wollen Sie reisen? An die Universität zurückkehren und Ihren Magisterabschluss machen? Ein Unternehmen gründen? Ehrenamtlich arbeiten? Meditieren lernen? Tun Sie es! Wenn Sie der Meister Ihres Gehirns sind, sind Sie Meister Ihres Lebens.

Sie könnten auch andere inspirieren. Nicht alle, die ein reifes Alter erreichen, werden von sich aus von BEST hören. Manche engstirnige Leute betrachten es vielleicht sogar als New-Age-Hokuspokus. Wir aber kennen die Wahrheit: Sie müssen älter werden, aber nicht alt. Sie können einfach wachsen – an Klugheit, Sinn, Freude und Energie. Dadurch dass Sie Ihrem Lebensstil der Gehirnsouveränität nachgehen, könnten Sie durchaus andere dazu motivieren, dasselbe zu tun. Sie könnten ein Leben ändern oder ein Dutzend.

Ihre Ziele finden

Ein Artikel im AdultSpan Journal erklärt uns: „Den Fokus auf Sinn und Ziel zu legen schafft eine positive, optimistische Perspektive, die schwächenden, auf Verlust und Defiziten basierenden Sichtweisen des Alterns entgegenwirkt.“ Viele Jahre lang glaubten Gerontologen und Soziologen, im späteren Leben Ziele und Sinn zu haben sei ein Schlüssel zu einem langen Leben und Gesundheit. Um zu sehen, wie wahr dies ist, betrachten Sie einmal den Unterschied in der Art und Weise, wie zwei alte Menschen mit dem Ruhestand umgehen. Der eine verlässt seinen Vollzeit-Job und stürzt sich in ehrenamtliches Engagement, Malerei, Kirchenarbeit und Reisen. Der andere verlässt seine Arbeit und spielt Golf. Dies wird langweilig, also setzt er sich vor den Fernseher. Sein Geist wird träger. Er gerät in Isolation und wird verdrossen. Wer, glauben Sie, lebt länger und besser?

Eine Bestimmung zu haben ist wesentlich im Leben. Das Projekt „Purpose" – „Zielsetzung" – des Center for Spirituality and Healing an der Universität von Minnesota bestätigt diese These: das Gefühl, Ziele und einen Lebenssinn zu haben, gibt uns den Willen, zu leben. Damit sind Sie praktisch nicht zu bezwingen. Zeit wird bedeutungslos, da Sie jeden Augenblick wertschätzen. Wenn dies nicht gegeben ist – nun ja, dann vegetieren Sie nur vor sich hin.

Jetzt, da Sie allmählich entdecken, welche Art von Mensch Sie werden wollen, steht es Ihnen frei, Ihr Lebensziel zu entdecken, basierend auf Ihrer klareren Wahrnehmung dessen, wer Sie sind und wer Sie werden wollen. Sie nutzen Ihr neu belebtes Gehirn, um Ihr wahres Potential als innovativer Geschäftsmann, Erfinder, Großelternteil, Heiler oder was auch immer Sie sein wollen, zu finden. Also fragen Sie sich, was sind Ihre Ziele? Hier einige Fragen, bei denen Sie ansetzen können:

- Was wollte ich schon immer tun?
- Was ist eine Leidenschaft in meinem Leben?
- Fühle ich mich erfüllt?
- Welchen Dingen im Leben messe ich den höchsten Wert bei?
- Was sehe ich als den Sinn meines Lebens an?
- Was würde ich gerne in den nächsten zehn Jahren erreichen?
- Was sollte – gemäß meinem Wunsch – meine Hinterlassenschaft sein?

Der Sinn Ihres Lebens liegt ganz bei Ihnen. Welch eine Gelegenheit! Also denken Sie darüber nach, was Ihre Leidenschaften anheizt. Denken Sie darüber nach, was Sie in den nächsten zwanzig Jahren jeden Tag tun könnten, ohne dass Ihnen jemals langweilig wird. Dann setzen Sie es um. Ihr Gehirn, jetzt voll erwacht, hat die Fähigkeit, Ihre Welt und die Welt um Sie herum zu ändern.

Meditation fürs Leben

Meditation ist ein sehr wirkungsvolles Hilfsmittel für die Gehirnsouveränität. Meditation wird bereits seit Tausenden von Jahren in Kulturen der ganzen Welt praktiziert. Manche meditieren, indem Sie ihre Gedanken verändern; andere setzen den Atem oder Muskelentspannung ein. In einigen Kulturen werden psychoaktive Substanzen verwendet, um die Meditation zu fördern, andere setzen auf Hunger oder Schlafentzug. Doch das Ziel jeglicher Meditation ist dasselbe: den bewussten Geist zu beruhigen.

Als vernunftbegabte Wesen erzeugen und empfangen wir einen unaufhörlichen Informationsstrom unseres Gehirns und der Welt, die uns umgibt. Dieser „Lärm" überwältigt unser Gehirn und unseren Geist, so dass wir die Stimmen in uns nicht hören können. Meditation beruhigt den Fluss bewussten Denkens – Analyse, Hinterfragen und Selbstgespräche – und lässt den Geist einfach sein. Dies aktiviert andere Teile unseres Gehirns und ermöglicht es uns, die Dinge allmählich auf eine andere Art und Weise wahrzunehmen.

Meditation erfordert Übung. Das gilt besonders für einen westlichen Geist, der so stark im Empirischen verankert ist. Im Westen wird uns gelehrt, dem, was unsere Intuition uns sagt, zu misstrauen, doch ältere Gesellschaften wissen, dass Meditation und Selbst-Gewahrsein wirkungsvolle Methoden sind, etwas über das Leben, den Kosmos und das Selbst zu lernen. Eine Mischung aus wissenschaftlicher Erkenntnis und alter Weisheit ist der ideale Weg, mehr Einsicht zu erlangen. Meditation ist ein wundervoller Ausgangspunkt, doch sie ist auch eine Praxis, die Zeit und Geduld erfordert. Sie ist es wert, dass Sie sich die Zeit nehmen, einen Lehrer oder Mentor zu finden, der Sie dabei unterstützt, einige meditative Fähigkeiten aufzubauen.

Es gibt zwei grundlegende Meditationsarten. In der konzentrierten Meditation fokussieren Meditierende sich geistig auf den Atem und verwenden ein Mantra oder einen Laut, um alle anderen Reize auszuschalten. In der Achtsamkeitsmeditation öffnen Meditierende ihren Geist für alle Empfindungen, denken jedoch an keine davon; sie erfahren sie lediglich. Es gibt Hunderte von Unterkategorien der Meditation. Lassen Sie Ihren Geist zu jener Methode finden, die für Sie die richtige ist.

Die Macht der geistigen Ausrichtung

Meditation hat das erstaunliche Vermögen, das Gehirn zu transformieren. 2004 fand sich eine Gruppe von Gehirnforschern, Neurologen und buddhistischen Mönchen am Wohnsitz des Dalai Lama in Indien zusammen, um eine Frage zu beantworten, die ihnen auf den Nägeln brannte: Sind bloßes Denken und Absicht in der Lage, die Struktur des Gehirns zu beeinflussen? Zu diesem Zeitpunkt war bereits akzeptiert, dass wiederholte physische Handlungen das Gehirn verändern können. Doch vermochte geistige Ausrichtung dies ebenfalls? Denken Sie daran, dass die meisten westlichen Neurowissenschaftler davon ausgehen, der Geist sei lediglich die Aktivität des Gehirns, nichts weiter. Gemäß dieser Sicht existiert geistige Ausrichtung bzw. Absicht nicht. Daher kamen Wissenschaftler und Meditationsmeister zusammen, um herauszufinden, ob das Gehirn sich als Reaktion auf rein innere, mentale Signale verändern kann.

Eine Gruppe Mönche, die insgesamt mehr als zehntausend Stunden in Meditation verbracht hatten, traten in einen meditativen Zustand des Mitgefühls ein, in dem sie ein Gefühl der liebenden Güte gegenüber allen Lebewesen erzeugten. Scans der Magnetresonanzbildgebung (MRI) erbrachten frappierende Ergebnisse: Bei den erfahrenen Meditierenden war ein dramatischer Sprung in den Gehirnwellen sichtbar, die hohe Gehirnaktivität anzeigten – Steigerungen, die größer waren als alles, was man zu jener Zeit jemals in der Neurowissenschaft gesehen hatte.

Ebenso faszinierend war die Tatsache, dass die Aktivität im linken präfrontalen Cortex, der mit positiven Emotionen verbunden ist, den rechten präfrontalen Cortex überwältigte, in dem die negativen Emotionen sind. Die Wissenschaftler hatten niemals zuvor gesehen, dass dies durch reine geistige Aktivität hervorgerufen werden konnte. Die Hinweise waren klar: Fokussiertes Denken vermag das Gehirn zu verändern.

Einige werden nun behaupten, Meditation sei heidnisch, antichristlich oder etwas dergleichen. Diese Ansichten beruhen jedoch auf Fehlinformation. Meditation ist nicht konfessionsgebunden; sie stützt alle religiösen Traditionen, indem sie zu einem ehrlichen Umgang mit sich selbst und zu Kontemplation ermutigt, und mehr noch: Meditation verlängert erwiesenermaßen die Lebensdauer, ist hilfreich bei der Stressbewältigung, stärkt das Immunsystem, unterstützt die Schmerzkontrolle, beseitigt chronische Müdigkeit und beeinflusst mit Sicherheit zahlreiche weitere Probleme positiv. Meditation ist ein wirksames Mittel, um ein Mensch mit größerer Klarheit zu werden.

Sie entscheiden

Während wir dem Ziel unserer gemeinsamen Reise immer näher kommen, treffen Sie Entscheidungen über Ihre Zukunft – welche Ziele Sie anstreben, wie Sie leben, wie Sie sein wollen. Sie versuchen natürlich, gute Entscheidungen zu treffen, aber hier sind noch mehr gute Nachrichten: Sie werden feststellen, dass Sie als ein Ergebnis der Gehirnsouveränität mehr Entschiedenheit entwickeln. Weil Sie – vielleicht zum ersten Mal – klar erkennen, wer Sie wirklich sind und welches Potential in Ihnen steckt, wissen Sie, welchen Weg Sie einschlagen sollen. Sie zögern nicht aus Angst. Sie treffen selbstbewusst vernünftige Entscheidungen und handeln furchtlos.

Sie werden ebenfalls bemerken, dass Sie durch dieses neue Vertrauen in Ihre Fähigkeit, Entscheidungen zu treffen, Ihre Beziehungen friedlicher gestalten können. Wenn Sie mit sich selbst glücklicher sind, haben Sie nicht mehr das Bedürfnis, sich an einem Streit zu beteiligen oder die Lebensauffassungen anderer anzufechten. Sie fühlen sich wohl in Ihrer neuen Selbsterkenntnis und sind daher mit sich im Reinen, so dass Sie sich auf einer Ebene der Toleranz, des Verständnisses und des Gebens auf andere einlassen können. Sie werden entdecken, dass Sie nicht Recht haben, sondern inspirieren wollen. Menschen, die BEST durchlaufen, entwickeln häufig ein großes Interesse, anderen zu helfen.

Mit kontinuierlicher täglicher Praxis der Gehirnschulung gemäß BEST werden Sie Ihren Geist weiterhin fördern. Ihr „Spirit“ wird reifen und sich weiterentwickeln. Sie werden Ihr bestmögliches Leben leben. Es spielt keine Rolle, ob Sie vierzig, sechzig oder über achtzig sind. Ihr Gehirn ändert sich fortwährend und birgt in seinen Zellen grenzenlose Möglichkeiten für Wachstum und Freude.

Folgen Sie Ihrem Traum

Wenn Sie älter werden, ist es genauso wichtig, einen Lebenstraum zu haben, wie es in Ihrer Jugend war. Sie haben vielleicht sogar bessere

Chancen, ihn zu verwirklichen, nun, da die grundlegenden Bedürfnisse des Lebens – finanzielle Sicherheit, eine Karriere beginnen, Kinder aufziehen – für Sie nicht mehr von vorrangiger Bedeutung sind. Bevor Sie dieses Buch schließen und ins Regal stellen, sollten Sie sich also vergewissern, dass Sie für sich eine Vision entwickelt haben. Erstellen Sie einen Plan, wer Sie in einem, fünf oder zehn Jahren sein wollen. Dies bedeutet nicht zwangsläufig, eine neue Karriere zu beginnen oder ein großes Projekt zu übernehmen (obwohl auch das in Ordnung ist). Wichtiger ist: Es bedeutet, als Mensch so zu werden, wie Sie es in Bezug auf den Charakter und Ihre Interaktion mit der Welt, die Sie umgibt, wirklich sein wollen. Wenn Sie jemals bei sich gedacht haben, „ich möchte die Welt in einem besseren Zustand verlassen, als ich sie vorgefunden habe", dann ist es nun an der Zeit, gemäß diesem Wunsch zu handeln.

Um Ihre Vision zu finden, sollten Sie das finden, was Sie wirklich mit einem Gefühl der Freude und Zufriedenheit erfüllt. Für die meisten wird dies wahrscheinlich einschließen, etwas von Wert zu ihrer Gemeinschaft oder zur Welt beizutragen. Haben Sie keine Angst, sich ein hohes Ziel zu setzen und große Träume zu haben.

Der Lebensstil der Gehirnsouveränität

Gehirnsouveränität bedeutet, die anderen BEST-Schritte zu einer täglichen Übung zu machen. Etwas als tägliche Praxis zu übernehmen kann jedoch eine Herausforderung sein. Wie fügen Sie diese Übungen in ein bereits ausgelastetes Leben ein? Indem Sie Ihren Lebensstil um das Gehirn herum gestalten. Hier einige Vorschläge, wie Sie dies umsetzen könnten:

• Schaffen Sie zu Hause einen Platz, der ausschließlich der BEST-Arbeit vorbehalten ist

Machen Sie ihn zu einem friedlichen, meditativen Ort, an dem Sie für sich sein können. Statten Sie ihn mit allem aus, was Sie brauchen, um fokussiert, heiter und gelassen zu sein: mit Kerzen, Räucherstäbchen, Musik, Stoffen, Kissen, was auch immer Ihnen ein gutes Gefühl vermittelt.

• Reservieren Sie einen speziellen Zeitraum für Ihre BEST-Zeit

Wenn Sie eine Stunde täglich damit zugebracht haben, Reality-TV zu sehen, schalten Sie den Fernseher ab, und arbeiten Sie an den BEST-Übungen. Lassen Sie dies zu etwas werden, das Sie jeden Tag zur selben Zeit tun. Das Trainingsprogramm wird in nur drei Wochen zur Gewohnheit.

• Bringen Sie Zettel und Gegenstände zur Erinnerung in Ihrem Lebens- und Arbeitsbereich an

Das können Notizen, Fotos oder andere Dinge sein, die Sie an die Arbeit erinnern, die noch vor Ihnen liegt.

• Schreiben Sie Ihre Ziele auf

Wenn Sie Ziele im Sinn haben, ist die Wahrscheinlichkeit viel höher, dass Sie unterstützende Maßnahmen ergreifen, um diese Ziele zu erreichen.

• Setzen Sie tägliche Beteuerungen ein

Positive Aussagen jeden Morgen laut auszusprechen wird Ihr Ziel klarer hervortreten lassen. Dinge zu sagen wie, „ich bin ein zielgerichtetes Wesen, und heute werde ich mich einen Schritt meinem vollen Potential annähern", können Sie daran erinnern, was Sie tun müssen, und Sie mit positiver Motivation erfüllen.

Meditationshaltungen

Mehrere Studien haben gezeigt, dass im Gehirn ganz spezielle, konkrete Dinge ablaufen, wenn Sie meditieren. Zuallererst sinken Ihre Gehirnwellen während der Meditation auf ein Niveau, das dem der Gehirnwellen ähnelt, die wir aussenden, wenn wir träumen. Sie könnten Meditation als eine Art Wach-Schlaf ansehen, eine Zeit, in der Sie bewusst und mit Absicht Ihrem Gehirn erlauben, zu ruhen und sich tief zu entspannen. Die positiven Auswirkungen dieser Praxis sind in der Tat tiefgreifend, da so viele körperliche Beschwerden mit Stress zusammenhängen. Sie könnten Meditation auch als Glückstraining betrachten. Dr. Richard Davidson von der Universität von Wisconsin vertritt die Theorie, dass Meditation die Aktivität im linken präfrontalen Cortex steigert, der mit Gefühlen der Zufriedenheit und der Freude assoziiert ist. Je intensiver Sie Meditation praktizieren, desto mehr wird Ihr Gehirn es sich zur Gewohnheit machen, diese Gehirnregionen zu nutzen. Auch haben Wissenschaftler festgestellt, dass Meditation Aktivitäten in der Amygdala, die für Angst- und Stressreaktionen zuständig ist, beruhigt. Bevor Sie mit tiefer Meditation beginnen, üben Sie die folgenden grundlegenden Haltungen.

MEDITATIONSHALTUNG AUF DEM BODEN

Dies ist die klassische Meditationshaltung im halben Lotussitz. Wenn Sie sie unbequem finden, können Sie sich auf ein Kissen oder an eine

Wand setzen (oder beides). Sie können auch mit ausgestreckten Beinen oder auf einem Stuhl meditieren.

1 Setzen Sie sich mit überkreuzten Beinen auf den Boden. Ein Fuß kann auf dem Boden bleiben, aber der andere sollte auf Ihrem Oberschenkel liegen.
2 Halten Sie Ihren Rücken gerade. Legen Sie die Hände auf die Knie. Halten Sie die Handflächen so, dass sie nach oben weisen.
3 Sie können die Augen schließen oder geöffnet lassen.
4 Öffnen Sie leicht den Mund und konzentrieren Sie sich auf das Ausatmen.

MEDITATIONSHALTUNG AUF EINEM STUHL

1 Setzen Sie sich bequem auf einen Stuhl, die Beine schulterbreit auseinander.
2 Legen Sie die Hände auf Ihren Bauch oder lassen Sie sie auf den Oberschenkeln ruhen.
3 Entspannen Sie Brust, Schultern und Arme vollständig.
4 Sie können die Augen schließen oder sie geöffnet lassen.
5 Öffnen Sie leicht den Mund und konzentrieren Sie sich auf das Ausatmen. Richten Sie Ihre Aufmerksamkeit auf den Energiefluss in Ihrem Körper.

Visionsmeditation

Diese Meditation trägt dazu bei, dass Sie dem Gehirn positive, erfrischende und unterstützende Information liefern können – Information, die das Gehirn motiviert, mit voller Leistung zu arbeiten. Die wichtigste Rolle unseres Gehirns besteht darin, uns zu helfen, Wege zu finden, unsere Visionen und Träume zu erfüllen. Eine Vision anzustreben weckt das dem Gehirn innewohnende Potential und erzeugt grenzenlose Motivation, die es wert ist, dass Sie Zeit und Mühe darauf verwenden.

VISIONSMEDITATION – ÜBUNG 1

1 Setzen Sie sich im halben Lotussitz hin, und halten Sie den Rücken gerade. Praktizieren Sie die Übung „Energie spüren" auf S. 71.
2 Wenn Sie das umgebende Energiefeld spüren und Ihre Gedanken und Gefühle beruhigt haben, senken Sie Ihre Hände auf die Knie oder lassen Sie Ihre gewölbten Hände auf den Fersen ruhen.
3 Erzeugen Sie im Geist ein Bild der Person, die Sie sein wollen, oder des Ziels, das Sie erreichen wollen.
4 Stellen Sie sich im Detail vor, Ihr Wunsch sei schon verwirklicht, und gewähren Sie sich Anerkennung und Bestätigung.
5 Konzentrieren Sie sich auf Ihren Unterleib; atmen Sie dreimal tief ein und aus.
6 Klatschen Sie zehnmal schnell, reiben Sie heftig die Hände aneinander und massieren Sie sanft Ihr Gesicht.

VISIONSMEDITATION – ÜBUNG 2

1 Setzen Sie sich im halben Lotussitz hin und halten Sie den Rücken gerade. Praktizieren Sie einige Minuten lang die Übung „Energie spüren" (S. 71) bis Sie die Energie deutlich wahrnehmen.

2 Wenn Sie das umgebende Energiefeld spüren, wölben Sie die Hände über Ihrem Kopf, ohne ihn zu berühren, und fühlen Sie den Energiefluss, der von Ihrem Gehirn ausgeht.

3 Wenn Sie die von Ihrem Gehirn ausgehende Energie spüren, spreizen Sie die Finger auseinander und ziehen sie wieder ein, um das Wahrnehmen der Energie auszudehnen. Führen Sie Ihre Hände näher an den Kopf heran und dann vom Kopf wieder weiter nach außen, während Sie die Kraft der Energie wie magnetische Anziehung und Abstoßung fühlen.

4 Lassen Sie die Bewegung Ihrer Hände, Ihres Atems und des Gehirns in einem Rhythmus synchron werden. Im Rhythmus Ihres Atems bläht sich Ihr Körper wie ein großer Ballon auf und lässt die Luft wieder entweichen.

5 Erzeugen Sie im Geist ein Bild der Person, die Sie sein wollen, oder des Ziels, das Sie erreichen wollen.

6 Stellen Sie sich im Detail vor, Ihr Wunsch sei schon verwirklicht, und gewähren Sie sich selbst Anerkennung und Bestätigung Ihres Erfolgs.

7 Konzentrieren Sie sich auf Ihren Unterleib, während Sie dreimal schnell tief ein- und ausatmen.

8 Klatschen Sie zehnmal schnell, reiben Sie die Hände kräftig aneinander und massieren Sie sanft Ihr Gesicht.

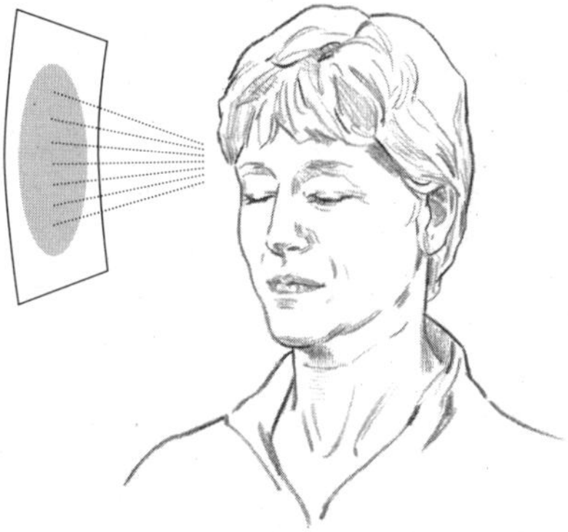

GEHIRN-SCREEN

1 Reservieren Sie sich eine spezielle Zeit für Meditation. Setzen Sie sich bequem hin und atmen sie dreimal tief ein und aus.

2 Heben Sie Ihre Hand auf Brusthöhe, und beginnen Sie die Übung „Energie spüren“ (S. 71).

3 Sobald Sie das umgebende Energiefeld spüren und Ihre Gedanken und Gefühle beruhigt haben, senken Sie die Hände auf die Knie.

4 Stellen Sie sich vor, ein Energiestrom würde an Ihrem Scheitel eindringen und zwischen Ihren Augenbrauen wieder hinausschießen.

5 Visualisieren Sie sich selbst als gesund, glücklich und friedvoll. Fühlen Sie diese Eigenschaften mit Ihrem gesamten Wesen.

6 Atmen Sie dreimal ein und aus und öffnen Sie dann die Augen.

Ihre wahre Identität entwickeln

Mit Hilfe der folgenden Übungen können Sie Ihre jetzige Identität prüfen und eine bessere Vorstellung darüber gewinnen, wer Sie wirklich gerne wären.

Aus einer anderen Perspektive

Unter Umständen ist es schwierig, einen Augenblick zurückzutreten und uns so zu sehen, wie wir wirklich sind. Wir neigen dazu, unser Selbstbild durch viele Schichten des Urteilens und Wunschdenkens zu filtern. Nutzen Sie diese Übung, um sich selbst aus einem objektiven Blickwinkel zu sehen. Beschreiben Sie sich aus der Perspektive irgendeines nichtmenschlichen Dings oder Wesens, wie zum Beispiel Ihr Sofa oder Ihr Hund. Wie erscheinen Sie aus dieser Perspektive? Seien Sie so ehrlich und vollständig wie möglich, indem Sie sich auf Ihren Charakter, Ihre Erscheinung und Ihr Verhalten beziehen. Versuchen Sie dies aus verschiedenen Perspektiven.

Im Gedenken an mich

Wenn wir älter werden, ist es ganz natürlich, gelegentlich über unsere eigene Sterblichkeit nachzudenken. Lassen Sie das eine Quelle der Motivation statt einer Quelle der Traurigkeit sein. Befinden Sie sich in den letzten Lebensjahrzehnten, heißt dies, dass Sie keine Zeit mehr zu verlieren haben. Sie müssen der Mensch werden, der Sie jetzt sein wollen. Mit dieser Einstellung kann das Ablaufen der Zeit ein großer Segen für Sie werden.

Um Ihnen dies zu erleichtern, überlegen Sie sich schon einmal im Voraus, wie man sich an Sie erinnern soll. Schreiben Sie eine Grabrede für sich selbst, so wie Sie gemäß Ihren Wünschen bei Ihrer Beerdigung gehalten werden soll. Das mag ein bisschen morbide erscheinen, doch es ist eine hilfreiche Übung für jeden in jedem Alter. Nehmen Sie sich etwas Zeit, um darüber nachzudenken, welche Eigenschaften die Leute mit Ihnen in Verbindung bringen sollen. Großzügigkeit? Mut? Liebe? Nutzen Sie diese Übung, um Ihren Geist darauf hin auszurichten, dass Sie diese Wesenszüge in Ihrem Leben verkörpern.

Ihren Charakter kundtun

Mit den Jahren haben Sie vielleicht einige Charakterzüge entwickelt, die sich aus Ihrer Sicht lieber ändern sollten. Oder vielleicht fällt es Ihnen schwer, gegenüber sich selbst oder der Welt, die Sie umgibt, eine positive Einstellung zu wahren. Glücklicherweise sind all diese Dinge einfach Gewohnheiten des Gehirns, die mit dem nötigen Willen und mit Ausdauer geändert werden können.

Um damit zu beginnen, Ihre geistige Einstellung zu ändern, entwerfen Sie irgendeinen kleinen Satz, der Sie geistig darauf hin fokussiert, eine positive Eigenschaft zu entwickeln. Mit anderen Worten: Denken Sie sich eine Aussage aus, die Sie dabei unterstützt, die Art von Persönlichkeit zu werden, die Sie sein wollen. Diese Aussage sollte ein „Verkünden“ Ihres Charakters sein, eine einfache „Ich bin“-Aussage. Zum Beispiel könnten Sie sagen, „ich bin großzügig“ oder „ich bin schön“. Wählen Sie den Charakterzug, den Sie am liebsten in sich hätten. Schreiben Sie die Erklärung auf mehrere Klebe-Notizzettel und befestigen Sie sie an gut sichtbaren Orten – an

Ihrem Computerbildschirm, am Kühlschrank, am Armaturenbrett – irgendwo, wo Sie sie oft sehen.

Erstellen Sie Ihr Motto und Ihr Leitbild

Unternehmen und große Organisationen verbringen viel Zeit damit und geben viel Geld dafür aus, ein geeignetes Firmenimage für Ihr Geschäft zu entwickeln. Diese Dinge tragen viel dazu bei, festzulegen, wie sie zur Welt um sie herum in Beziehung treten. Denken Sie nur, wie viel effizienter die Armee mit einem Slogan wie „be all you can be – sei alles, was du sein kannst" rekrutieren kann. Und ein Paar Sportschuhe ist so viel attraktiver mit dem bekannten „Swoosh"2-Logo und dem Slogan „Just do it", der den Karton ziert.

Warum tun Sie dasselbe nicht auch für sich? Erfinden Sie eine kurze Aussage, ein Motto, das Ihre Vorsätze für Ihr Leben zusammenfasst. Bereiten Sie auch ein Leitbild vor, vergleichbar mit einer „Firmenphilosophie", einen Absatz, der Ihre persönliche Vision für den Rest Ihres Lebens beschreibt. Vielleicht haben Sie in Ihrem bisherigen Leben bis zu diesem Punkt viele Leitbilder angestrebt und verwirklicht. Nun haben Sie die Chance, eines so zu erstellen, wie Sie es wirklich wollen, eines, das Ihnen wirklich Zufriedenheit und Erfüllung bringen wird.

Das 21-Tage-Wunder

Es sind die guten Gewohnheiten, die Ihre Träume wahr werden lassen. Das mag wie eine Übertreibung klingen, aber es ist wirklich wahr. Alles, was Sie tun, erfordert Disziplin und Mühe. Wenn Sie sich hochgesteckte Ziele setzen, wirkt es vielleicht überwältigend. Darum sollten Sie mit kleineren, erreichbaren Zielen beginnen. Am Ende werden sie sich summieren, wie Ziegelsteine, aus denen ein Haus erbaut wird.

Ermitteln Sie eine Gewohnheit in Ihrem Leben, die Ihnen Ihrer Meinung nach gewisse Schwierigkeiten bereitet. Idealerweise sollte dies eine rein verhaltensbezogene Angelegenheit sein, die nichts mit chemischen Komponenten zu tun hat, wie Rauchen oder Trinken. Stellen Sie sich der Herausforderung, das Verhalten innerhalb von 21 Tagen abzustellen. Nach Ablauf von 21 Tagen wird Ihre Abhängigkeit von diesem Verhalten verschwunden sein, zusammen mit den Nervenverbindungen, die sie unterstützen.

Besuchen Sie die Seiten www.ilchi.org bzw. www.dahnyogachicago.com/21-days-miracle/ und Sie werden spezielle Unterstützung für Ihren 21-Tage-Prozess finden, einschließlich besondere Überprüfungstechniken für 21 Tage und Einzelheiten darüber, wie Sie sich ein Ziel setzen. Dieses Online-Programm, „21-Day-Miracle", wurde erstellt, um Ihnen zu helfen, die Gewohnheiten aufzubauen, die für Sie erforderlich sind, um das Leben zu erschaffen, das Sie sich erträumt haben. Sie brauchen nur ein Ziel und drei Regeln auszuwählen, die Sie 21 Tage lang einhalten.

Nachwort

Das Jangsaeng-Ideal verkörpern

„Eine Reise von tausend Meilen beginnt mit einem einzigen Schritt."

Laotse

Und so gelangen wir nun ans Ende der Reise in diesem Buch – an den Beginn unserer eigenen Reise. Es ist ein langer, doch lohnender Weg und ganz gleich, ob Sie sich entscheiden, ihn mit uns als Teil unserer BEST-Kursarbeit gemeinsam zu gehen, oder ob Sie auf ihrem eigenen Weg weitergehen, Ihr Leben wird dadurch reicher.

Die Reise ist nicht frei von Hindernissen. Eines der beängstigendsten ist Ihre tief verwurzelte Art des Denkens. Wenn wir ein reiferes Alter erreicht haben, sind wir tendenziell festgelegt in unseren Gewohnheiten. Feste Überzeugungen färben unsere Gefühle. Wenn Sie Ihre Fähigkeit, Ihr Gehirn zu verändern, mit einer Geisteshaltung der Skepsis, des Bedauerns oder des Zweifelns sehen, werden Sie keinen Erfolg haben. Darum möchten wir Sie im Sinne eines Abschiedsgeschenks gerne an dem wichtigsten geistigen Zustand teilhaben lassen, der entwickelt werden soll, wenn Sie BEST beginnen – etwas, was wir als Jangsaeng-Ideal bezeichnen.

Es gibt bestimmte Schlüsseleigenschaften einer Person, die Jangsaeng aufweist – Langlebigkeit nicht nur in Bezug auf die Lebensspanne, sondern auch des Geistes. Ich bin sicher, dass Sie im Lauf Ihres Lebens ältere, manchmal sehr alte Menschen getroffen haben, die immer noch erstaunlich vital sind. Das sind Leute, die nie aufhören, ihre Zeit auf dieser Erde zu inspirieren, sich mit ihr zu verbinden und sie zu lieben. Das sind die Jangsaeng-Menschen … und Sie können einer von ihnen werden.

Wollen Sie wirklich ein Jangsaeng-Mensch werden, dann ist das keine Frage des Zufalls oder des Glücks. Vielmehr ist Jangsaeng ein Licht, das kontinuierlich der inneren Welt dieser Menschen entströmt, die wir so sehr bewundern und lieben. Die BEST-Methode beruht auf dem Gedanken, dass Gesundheit, Glück und Frieden keine Merkmale sind, die wir erben, sondern die wir wählen. Diese Dinge sind nicht irgendwo da draußen, warten nicht darauf, zufällig entdeckt zu werden, und ebenso wenig kann jemand anders sie uns gewähren. Sie sind vielmehr genau hier, genau jetzt, und warten darauf, dass unser Gehirn sich für sie öffnet. Der Zahn der Zeit kann viel dazu beitragen, die Mechanismen des Körpers zu reduzieren, doch er ist niemals imstande, irgendetwas zu tun, um diese Art von Geist zu verringern. Um über eine solche Kraft zu verfügen, richten Sie sich auf folgende Ideale aus:

DANKBARKEIT – Denken Sie jeden Tag daran, in Dankbarkeit zu schwelgen für alles, was Sie haben, und demütig zu sein, weil Sie solche Geschenke erhalten haben. Sie leben und mit dem Leben kommen Potential und Hoffnung. Sie haben Ihre Gesundheit, selbst wenn sie nicht vollkommen ist. Sie haben einen Körper, der trotz seiner Mängel noch fähig ist, auf dieser Welt so vieles zu kreieren und zu erfahren. Sie haben Menschen in Ihrem Leben, die Sie lieben und wertschätzen. Und Sie haben ein wundervolles Gehirn, das Ihr Leben gemäß Ihrer Vision neu zu gestalten vermag. Empfinden Sie täglich Dankbarkeit für all diese Dinge und lassen Sie andere an dieser Dankbarkeit teilhaben. Es ist das beste Mittel gegen Zynismus, das wir kennen.

LIEBENDE GÜTE – Dieses Prinzip heißt, ein Gefühl der tiefen Fürsorge und Akzeptanz allen anderen gegenüber zu empfinden, unabhängig davon, wie sehr die anderen sich anscheinend von Ihnen unterscheiden. Denn in Wirklichkeit sind wir alle eins. Sie haben es vielleicht schon einmal direkt in Ihrer Meditation gespürt. In jedem Fall wird eine solch machtvolle, bedingungslose Liebe all Ihrer Brüder und Schwestern Ihr Dasein erheben.

MUT – Entscheiden Sie niemals etwas aus Angst. Denken Sie daran: Das Wort Angst, im Englischen fear, bedeutet „False Evidence Appearing Real" – „falsche Indizien erscheinen real". Wenn Sie aus Angst heraus handeln, dann fast immer deswegen, weil etwas Ihnen sagt, Sie seien weniger leistungsfähig, als Sie es in Wirklichkeit sind. Denken Sie daran und handeln Sie voller Mut, wenn Sie mit einer Entscheidung konfrontiert sind. Gehen Sie intelligente Risiken ein. Tun Sie etwas Neues. Durchbrechen Sie Ihr Muster. Äußern Sie sich frei heraus.

OFFENHEIT – Einer der stärksten menschlichen Impulse ist der Wunsch, das Gefühl zu haben bzw. zu wissen, dass man im Besitz der Antworten ist. Dies ist der Antrieb, der Menschen zu Fundamentalismus und Intoleranz verleitet. Wenn Ihr Weg der einzige Weg wird, misstrauen Sie jenen, die Ihre Überzeugungen nicht teilen.

Denken Sie stattdessen daran, dass es die Geheimnisse des Lebens sind, die ihm Bedeutung verleihen. Erforschen und lernen, nicht statisches Wissen machen das Leben interessant. Umarmen Sie die Geheimnisse des Glaubens, der Wissenschaft und der Spiritualität und freuen Sie sich über die Tatsache, dass es so viel gibt, das Sie nicht wissen.

GROSSZÜGIGKEIT – Im Leben eines anderen etwas Positives zu bewirken, ist eines der größten Ziele, das ein Mensch haben kann. Versuchen Sie jeden Tag, herauszufinden, was Sie geben, nicht was Sie nehmen können. Suchen Sie nach Wegen, etwas von dem, was Sie haben, zu geben, und danken Sie der Welt für alles, was sie Ihnen gegeben hat. Dies kann bedeuten, für eine gemeinnützige Organisation ehrenamtlich zu arbeiten, einer behinderten Person zu helfen oder regelmäßig an Wohlfahrtsorganisationen zu spenden. Machen Sie jedenfalls Großzügigkeit zu einem Teil Ihrer Routine. Bringen Sie diese jüngeren Familienmitgliedern bei, so oft Sie können.

VERGEBUNG – Anderen vergangene Angriffe oder Beleidigungen zu verzeihen ist heilsam für Sie und für die anderen. Prüfen Sie alten Groll und alte Rivalitäten und fragen Sie sich, ob es irgendeinen Nutzen hat, daran festzuhalten. Es ist unwahrscheinlich. Vergebung hingegen bereichert Ihr Leben und das Leben derjenigen, denen Sie verzeihen. Lassen Sie die Vergangenheit vergangen sein und schlagen Sie eine neue Seite auf. Das ist wahrhaftig ein göttlicher Akt.

INTEGRITÄT – Im letzten Drittel Ihres Lebens sind Sie in der idealen Position, darüber nachzudenken, wo Sie waren und wohin Sie gehen. Also können Sie untersuchen, in welchem Ausmaß Ihre Worte und Handlungen der Vergangenheit und der Gegenwart mit dem inneren Bezugsrahmen Ihres Wertesystems übereinstimmen. Zweifellos werden Sie feststellen, dass ein gewisser Mangel an Übereinstimmung zwischen beiden besteht. Jetzt haben Sie die Chance, ganz im Einklang mit Ihren höchsten Idealen zu leben, und noch wichtiger, dem höchsten Ideal Ihrer Selbst völlig treu zu ein.

GESUNDHEIT – Konzentrieren Sie Ihren Geist schließlich auf die Gesundheit aller Dinge: die Erde, Sie selbst und diejenigen um Sie herum. Das heißt, gut zu essen und sich regelmäßig zu bewegen, aber es geht noch darüber hinaus. Es bedeutet eine Lebensweise, die den Planeten bewahrt, was normalerweise heißt, einfach zu leben. Wir haben viel mehr, als wir brauchen; die meisten von uns könnten mit viel weniger Geld und viel mehr Freude leben, wenn sie einige Schichten materiellen Besitzes aus ihrem Leben entfernen würden. Wenn Sie Ihre Gedanken auf das ausrichten, was gesund, einfach und schön ist, werden sie feststellen, dass Ihr Körper und Ihr Geist aufblühen.

Die Gehirnschulung gemäß BEST ist mehr als ein Programm oder ein Studienkurs. Es ist eine Lebensweise. Lassen Sie sich voll und ganz darauf ein, dann werden Sie feststellen, dass Sie bewusster und lebendiger sind, als Sie es jemals für möglich gehalten hätten. Die Fähigkeit, erfolgreich zu altern, liegt in Ihnen. Es geht darum, wie aktiv und gesund Sie sind, wie gut Sie sich an Veränderungen anpassen, in welchem Maße Sie mit anderen verbunden bleiben, wie sehr Sie sich für das Wohl anderer einsetzen und wie Sie Ihr Lebensziel definieren. Großzügigkeit, Freundlichkeit, Mitgefühl und Geduld sind nicht nur ethische Entscheidungen; sie sind wesentlich für erfolgreiches Altern. Leben Sie mit Liebe, leben Sie lange und leben Sie glücklich!

Gehen Sie sich jung: Jangsaeng-Gehen

1. Einführung

Man könnte sagen, dass Jangsaeng-Gehen als eine Unterbrechung begann, die sich letztendlich als Glücksfall erwies. Ich (Ilchi Lee) wurde beim Reiten einmal vom Pferd abgeworfen, als es aus dem Laufen ganz plötzlich stoppte. Ich erlitt ernsthafte Verletzungen und die Ärzte verordneten mir einen ganzen Monat Bettruhe.

Ich war selbst immer außergewohnlich aktiv und gesund gewesen und hatte zudem anderen seit fast dreißig Jahren geholfen, ihre körperlichen Beschwerden zu heilen, daher war ich entschlossen, meinen eigenen Gesundungsprozess anzugehen. Ich respektierte zwar die Einschätzung des Arztes und seine Empfehlung, Bettruhe einzuhalten, begann aber sofort, nachdem er den Raum verlassen hatte, Pläne zu machen, wie ich meinen Körper wieder in Bewegung bringen könnte. Obwohl jede Bewegung furchtbar schmerzhaft war, begann ich, einfach tief zu atmen und kleine Bewegungen auszuführen. Innerhalb eines Tages nach dem Unfall war ich imstande, ein paar Schritte aufrecht zu gehen.

Im Verlauf der folgenden Monate, als ich daran arbeitete, meinen verletzten Körper neu zu beleben, erblickte auch die Methode des Jangsaeng-Gehens das Licht der Welt.

Da ich durch meine Verletzung gezwungenermaßen langsam werden musste, konnte ich meinen Körper auf andere Weise betrachten als vorher. Beim Gehen bemerkte ich, dass meine Körperhaltung und -statur sich mit den Jahren verändert hatten, und zwar von denen eines selbstbewussten jungen Mannes, der aufrecht ging, zu denen eines „alten Mannes": Oberkörper nach hinten geneigt, Kopf zurück und das Körpergewicht auf meinen Fersen lastend.

Wenn ich mich bei anderen über diese Veränderungen in meinem Körper beklagte, erwiderten sie einfach: „Natürlich. Du wirst alt."

Doch diese defätistische Haltung passte nicht zu mir. Schließlich stand sie in völligem Widerspruch zu allem, was ich meine Studenten im Verlauf der letzten 26 Jahre gelehrt habe. „Mein Körper ist nicht ich, sondern meiner", erkläre ich ihnen, damit sie es sich selbst sagen. Dennoch hatte ich irgendwie zugelassen, dass mein Körper das Kommando übernahm. Ich hatte meinem Körper niemals gesagt: „Okay, du bist jetzt alt. Es ist an der Zeit, wie ein alter Mann zu gehen." Und doch ist es irgendwie dazu gekommen. Im Grunde ist es geschehen, weil ich es zugelassen habe. Es war höchste Zeit, dass ich mich selbst wieder auf den Fahrersitz verfrachtete.

Als mir dies klar geworden war, beschloss ich, meinen Körper nicht nur vom Unfall zu heilen, sondern die Gewohnheiten, die ich angenommen hatte, umzuformen. Ich begann, beim Gehen genauer auf die Neigungswinkel und die Haltung meines Körpers zu achten. Ich beschloss, derjenige zu sein, der entschied, wann und wie ich alterte, und dies musste nicht unbedingt auf die Art und Weise vonstatten gehen, wie die Leute es normalerweise vermuten.

Ich beobachtete genau, wie mein Körper sich in verschiedenen Haltungen anfühlte, während ich vorsichtig einen Schritt nach dem anderen machte. Ich war wie ein Kind, das laufen lernte. Ich beobachtete auch, wie die Menschen um mich herum gingen. Ich bemerkte, dass Junge und Alte normalerweise unterschiedlich gingen. Als ich Schüler bat, die Art ihres Gehens leicht zu verändern, verbesserte sich die Ausrichtung ihres Körpers dramatisch. Indem sie sich leicht nach vorn neigten und Druck auf den Fußballen ausübten, gelang es den Übenden, Probleme im Knie, in den Hüftgelenken und im Becken zu beheben.

Also entschied ich, um mich wieder jung zu fühlen, es sei am besten, wieder auf jugendliche Art und Weise zu gehen. Ich war gezwungen, kurz nach dem Unfall das komplette Tourprogramm einer Vortragsreise zu absolvieren. Der Schmerz in meiner Wirbelsäule war immer noch sehr intensiv, aber ich strengte mich gezielt an, die Prinzipien des Gehens und der Körperhaltung anzuwenden, die ich entwickelt hatte. Indem ich das anwandte, was ich im Lauf der Jahre gelernt hatte, verlagerte ich absichtlich meine Haltung, um einen besseren Energiefluss zu ermöglichen. Nach ungefähr fünf Monaten wurde diese Art zu Gehen eine Gewohnheit in meinem Leben.

Schließlich fühlte ich mich, als sei mein Körper voller vibrierender Energie, als sei er wieder jung. Mein Körper fühlte sich unglaublich leicht, meine Bewegungen wurden schnell und meinen verletzten Rücken nahm ich fast gar nicht mehr wahr. Ich entdeckte, dass das Gehen Spaß macht, und suchte nach Gelegenheiten, immer längere und häufigere Spaziergänge zu unternehmen. Diese Art des Gehens half mir nicht nur, zu meinem vorherigen Gesundheitslevel zurückzukehren, sondern ich fühle mich jetzt zehn Jahre jünger als zur Zeit meines Unfalls. Ich habe den Gehstil Jangsaeng-Gehen genannt, was grob mit „Langlebigkeits-Gehen“ übersetzt werden könnte, denn meinem Gefühl nach hat es meinem Körper Jugend und Vitalität zurückgegeben.

Gehen Sie Ihren Weg zum Wohlbefinden

Gehen ist ein perfekter Weg zum Wohlbefinden. Grundsätzlich kann man es überall jederzeit tun, und was noch wichtiger ist: Es wirkt. Zahlreiche Studien haben bestätigt, dass Gehen – jede Art des Gehens – überaus gut für den Körper ist.

Gehen ist eine Ganzkörperübung, die mehr als sechshundert Muskeln und zweihundert Knochen, die sich zusammen mit diesen Muskeln bewegen, beansprucht. Gehen stimuliert unzählige Nerven, die über den ganzen Körper verteilt sind, durch die Fußsohlen. Es stärkt die Muskeln des Unterkörpers, indem es die Durchblutung in den Beinen und in den Eingeweiden stark fördert.

Zunächst akzeptieren Sie bitte, dass das Gehen ein echtes Training ist. Es ist eine unglückliche Fehlauffassung, dass körperliche Bewegung äußerst intensiv sein muss, um überhaupt zu wirken. Normalerweise meinen die Leute, sie würden nicht wirklich trainieren, wenn sie nicht reichlich schwitzen und jeder Muskel ihres Körpers schmerzt. Das stimmt jedoch einfach nicht. Tatsächlich ist übereifriges intensives Training unter Umständen sogar schädlich für alle, die keine sehr gut durchtrainierten Sportler sind.

Die meisten Gesundheitsexperten sind sich darin einig, dass man bei etwa 65 bis 85 Prozent der maximalen Herzfrequenz trainieren soll. Dies ist offenbar die Trainingszone, in der die Einzelnen die größten gesundheitlichen Vorteile haben; das gilt insbesondere für Herz-Kreislauf-Fitness und Körperfettverringerung. Wenn Sie Ihre bewegungsarme Lebensweise mit plötzlichen Attacken von High-Impact-Aerobic oder Sprinten unterbrechen, helfen Sie sich dadurch nicht unbedingt, sondern schaden sich eher, als dass Sie sich etwas Gutes tun. Im gleichmäßigen, maßvollen Tempo zu gehen wird dazu beitragen, dass Sie schnell und leicht die ideale Herzfrequenz erreichen und beibehalten.

Eine praktische Lösung

Und der großartigste Aspekt des Gehens ist die Tatsache, dass es leicht zu praktizieren ist. Gehen erfordert keine spezielle Ausrüstung oder Kleidung und man kann es fast überall jederzeit tun. Selbst ein sehr beschäftigter Mensch kann Zeit finden, es in einen Terminplan einzubauen. Beginnen Sie einfach damit, dass Sie kreative Wege finden, mehr Schritte in Ihren Tag einzubauen, und bald werden Sie feststellen, dass Sie Ihr Level körperlicher Aktivität verdoppelt haben, ohne jemals eine einzige Mitgliedschaft im Fitness-Studio gezahlt oder irgendein Fitnessgerät gekauft zu haben.

Wenn Sie gewohnt sind zu denken, Ihre Trainingsroutine müsse in langen, anhaltenden Schüben mehrmals pro Woche stattfinden, denken Sie noch einmal nach. Eine neuere Studie legt nahe, dass kurze „Trainings-Snacks" eine Methode sind, um Ihre Herz-Kreislauf-Fitness anzukurbeln und überschüssiges Fett von Ihrem Körper fernzuhalten. Mit anderen Worten, die dreißig bis sechzig Minuten Training, die Sie brauchen, müssen nicht unbedingt hintereinander stattfinden, sondern können in kurzen zehn- bis fünfzehnminütigen Einheiten auf den Tag verteilt werden.

Sie können dieses Konzept leicht auf das Gehen anwenden, da es etwas ist, das Sie jeden Tag ohnehin tun. Finden Sie einfach Möglichkeiten, Ihrem Tag Wege hinzuzufügen, den ganzen Tag über „Geh-Snacks" zu schaffen. Statt zum Beispiel um den Parkplatz zu kurven und nach einer Parkmöglichkeit mit der geringsten Entfernung zu suchen, suchen Sie sich einen Platz möglichst weit außen und wenden Sie das Jangsaeng-Gehen an, wenn Sie zum Gebäude gehen. Oder gewöhnen Sie sich an, aufzustehen und in guter Haltung herumzugehen, wenn Sie einen Anruf erhalten.

Der Jangsaeng-Stil

Das Wort *jangsaeng* heißt eigentlich „jugendliche Langlebigkeit“, was das Ziel dieses Gehstils widerspiegelt. Gehen im Allgemeinen erhöht erwiesenermaßen die Lebensdauer um einige gesunde Jahre, doch ich meine, diese positive Wirkung kann noch verstärkt werden, indem Sie gezielt darauf achten, wie Sie gehen. Meine Hypothese lautet im Wesentlichen folgendermaßen: Sie können Ihren Körper und Ihr Energiesystem in einen jüngeren Zustand zurückführen, indem Sie einfach auf eine jugendlichere Art und Weise gehen.

Jangsaeng-Gehen setzt den angemessenen Zustand „Wasser nach oben – Feuer nach unten“ wieder ein, indem der Körper bewegt und der Yong-chun-Punkt an der Fußsohle stimuliert wird. Energie fließt ganz natürlich zur Fußsohle, wenn wir gehen und während wir uns auf Yong-chung konzentrieren, was dazu beiträgt, den unerwünschten „Feuer-nach-oben“-Zustand zu lindern. Feuerenergie, die sich unter stresserfüllten Bedingungen ansammelt, wird zu den Füßen geleitet und lässt die Fußsohlen wärmer werden. Beim Gehen bemerken Sie vielleicht sogar ein brennendes Gefühl an den Fußsohlen, wenn es zu diesem Prozess kommt. Dieser Vorgang leitet im Wesentlichen Feuerenergie vom Kopf weg und das Gehirn kann wieder kühl und klar werden.

Wenn Sie regelmäßig im Jangsaeng-Stil gehen, wird sich Ihre Energie automatisch nach und nach beruhigen und Ihr Geist wird klar und fokussiert bleiben. Körper und Gehirn können besser funktionieren, wenn Sie diesen Zustand beibehalten.

Ein Bein

In Korea haben wir ein Sprichwort: „Gesunde Beine, langes Leben." Die Beine können tatsächlich die Quelle von Stärke und Energie im Körper sein. Die Lebenskraft des Körpers hängt von der Menge der Muskelmasse ab und ungefähr dreißig Prozent der Muskelmasse des Körpers konzentriert sich in den Beinen. Bei Sportlern befindet sich über vierzig Prozent Muskelmasse in den Beinen. Je mehr Muskelmasse Sie haben, desto mehr Energie haben Sie. Je weniger Muskelmasse Sie dagegen besitzen, desto weniger Energie haben Sie auch.

Wenn die Beine schwach werden, spüren Sie, dass schon allein das Bewegen des Körpers schwierig und beschwerlich ist. Dadurch entsteht ein Teufelskreis der Inaktivität, was wiederum zu noch mehr Inaktivität führt. Wenn Sie herumsitzen, weil Sie sich schwach fühlen, schwindet Ihre Muskelmasse und Sie werden noch schwächer. Der Alterungsprozess der Beine schreitet wegen des anhaltenden Bewegungsmangels rapide fort. Schließlich wird es sogar schwierig, sich hinzusetzen und aufzustehen, was das Bild des Alters ist, vor dem wir alle uns fürchten.

Lebendig sein heißt, sich zu bewegen. Seien Sie dankbar, dass Sie zwei Beine haben, die den Körper tragen können, dass Sie mit ihnen überall hingehen können, und bewegen Sie sie wirklich. Je mehr Sie sie bewegen, desto stärker werden die Muskeln.

2. Die Jangsaeng-Methode

Im östlichen Denken gibt es ein Sprichwort: „Wo der Geist hingeht, dorthin folgt die Energie." Die Energie fließt hauptsächlich im Gefolge unseres bewussten Denkens. Im Grunde beginnt alles, was wir auf dieser Welt vollbringen, mit einem bewussten Gedanken. Bewundern Sie zum Beispiel ein hohes Gebäude im Stadtzentrum, könnten Sie sagen, dass alles im Geist des Architekten begann, der zusammen mit den Investoren, Bauunternehmern und Handwerkern zusammenarbeitete, die es erschaffen haben. Als alle ihren Geist zusammenbrachten, begann die Energie in Richtung Erfüllung der Vision zu fließen. Auf diese Weise kann Vorstellung zu Realität werden. Jede Weltraummission, jedes klassische Kunstwerk, jede heilige Handlung begann als Gedanke im Geist irgendeines Menschen.

Geist über Materie

Dasselbe gilt für die Energie, die wir in unserem Körper spüren. Wenn wir uns vorstellen, wir könnten Energie durch unsere Hände spüren, dann geschieht es tatsächlich so, und wenn wir uns vorstellen, Energie sei im Unterleib gesammelt, dann sammelt sie sich wirklich im Unterleib. Man kann Energie nur spüren, indem man das Bewusstsein fokussiert – nicht durch Wissen, Analyse oder Beurteilung.

Jangsaeng-Gehen basiert teilweise auf dem Gedanken, dass Energie dem Geist folgt. Die Zielsetzung beinhaltet auch, dem Körper beizubringen, jung zu gehen, was Sie vielleicht niemals wirklich getan haben, da schlechte Gewohnheiten schon früh einsetzen können. Dadurch, dass Sie jugendlich gehen, gewinnt der Körper die Attribute der Jugend zurück, ebenso wie Ihr Geist. Schließlich hoffe ich, dass dieses Gefühl energetischer Jugendlichkeit Ihnen in allen Lebensbereichen folgen und so zu einem vitaleren und befriedigenderen Lebensstil führen wird.

Neigungswinkel des Körpers

Obwohl der Geist für das Erzeugen eines jungen energetischen Alters wichtig ist, kann man den Körper selbst nicht ignorieren. Energie durchfließt auf eine bestimmte Weise den Körper und es ist nur sinnvoll, mit ihr zu arbeiten, nicht gegen sie. Aus diesem Grund sind für das Jangsaeng-Gehen bestimmte Körperneigungen empfehlenswert, die beim Laufen zu beachten sind. Sie sind es vielleicht gewohnt, unbewusst zu gehen, so dass es anfangs etwas beschwerlich sein könnte. Doch nach ein wenig Praxis wird es automatisch und fühlt sich ganz natürlich an.

Überblick über die Haltung des Jangsaeng-Gehens

Die Grundhaltung des Jangsaeng-Gehens ist einfach. Achten Sie beim Gehen auf die folgenden Prinzipien:

- Neigen Sie den unteren Beckenbereich nach vorn.
- Atmen Sie mit Ihrem Unterleib.
- Lassen Sie Ihre Ferse sanft auf dem Boden aufkommen, während Sie mit ausgestrecktem Bein nach vorn gehen.
- Spüren Sie, wie sich Ihr Gewicht voll auf die Fußballen (Yongchun) und Ihre Zehen verlagert.
- Halten Sie die Füße parallel, indem Sie sich vorstellen, auf beiden Seiten einer imaginären Linie entlangzulaufen.
- Verändern Sie die Neigung Ihres Körpers um einen Grad nach vorne.
- Lassen Sie die Arme frei schwingen.
- Lächeln Sie!

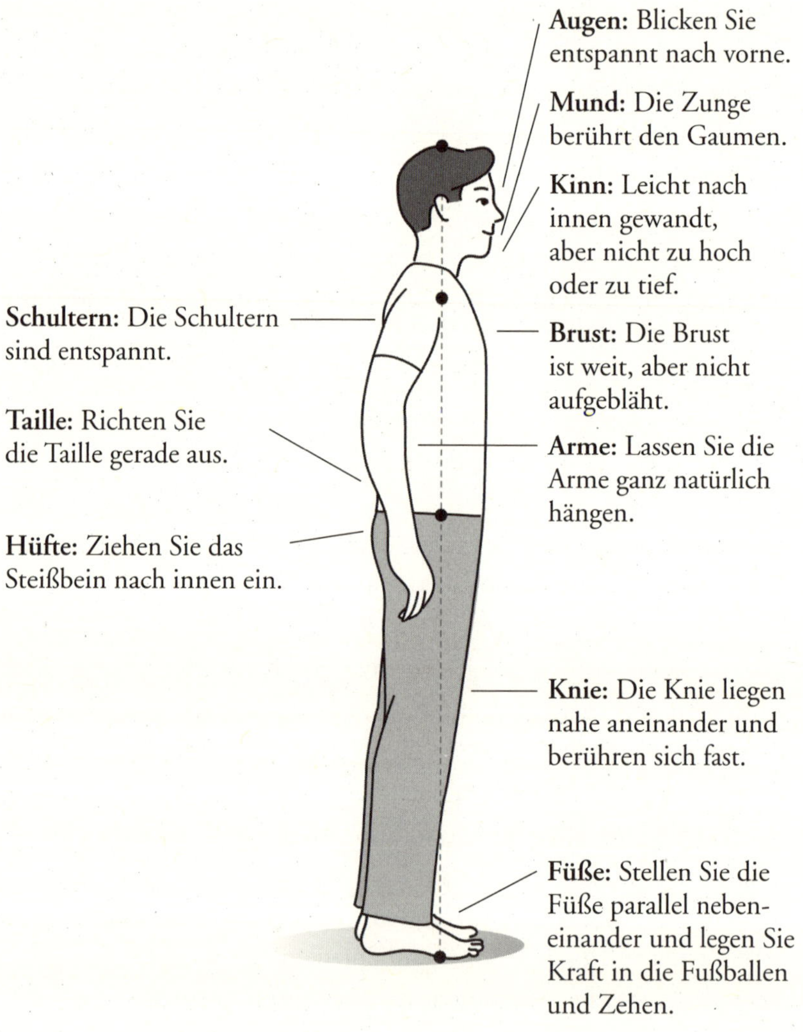

Die Grundhaltung des Jangsaeng-Gehens

Prinzip 1 des Jangsaeng-Gehens: Gehen Sie symmetrisch

Beobachten Sie ein paar Minuten lang, wie Sie normalerweise gehen. Achten Sie darauf, ob das Gewicht mehr auf einem Bein liegt oder ob auf einer Seite ein Schmerz ist. Achten Sie auch auf Ihre Schritte. Vielleicht stellen Sie fest, dass ein Fuß oder beide Füße nach innen oder außen gerichtet sind. Die Füße sollten konstant parallel bleiben. Sind sie das nicht, ist es ein Hinweis darauf, dass die Füße nicht richtig mit dem Becken ausgerichtet sind.

Diese Art von falscher Ausrichtung kann zu ernsthaften Problemen in Knie- und Hüftgelenken führen. Außerdem verbrauchen die Beine, wenn sie nicht richtig ausgerichtet sind, bei jedem Schritt mehr Energie. Versuchen Sie beim Gehen, bewusst Ihre Knie parallel zu halten, so dass die Füße nach vorne weisen. Ihre Knie sollten sich beinahe berühren und Beine und Füße sollten beim Gehen parallel bleiben.

Im menschlichen Körper ist das Becken für den Körper das, was das Fundament für ein Gebäude ist. Wenn es gut ausgerichtet ist, folgt der restliche Körper ganz natürlich. Beine und Füße auf diese Weise sorgfältig auszurichten erleichtert den Energiefluss in den Beinen und ermöglicht, dass sich die Energie besser im Unterleib, dem Zentrum der körperlichen Energie, sammelt. Die Verdauung und die Durchblutung der Organe verbessern sich ebenfalls, wenn der gesamte Körper sich wieder richtig ausrichtet, und dadurch steigert sich auch das Gefühl des Wohlbefindens insgesamt.

Mit einem symmetrisch ausgerichteten Körper zu gehen ist das grundlegendste Prinzip des Jangsaeng-Gehens; dieses Prinzip beherrscht das gesamte Kreislaufsystem des Körpers und der Energie. Wenn Sie sich bei der Arbeit müde oder schlapp fühlen oder schmerzende und steife Gelenke haben, konzentrieren Sie sich darauf, Ihren Körper wieder auszurichten, damit die Energie besser fließt. Sie werden sich viel besser fühlen.

Kontrolle

- ☑ Vergewissern Sie sich, dass Sie parallel stehen.
- ☑ Gehen Sie dynamisch vorwärts, wobei die Knie sich berühren und die Zehen nach vorne weisen.

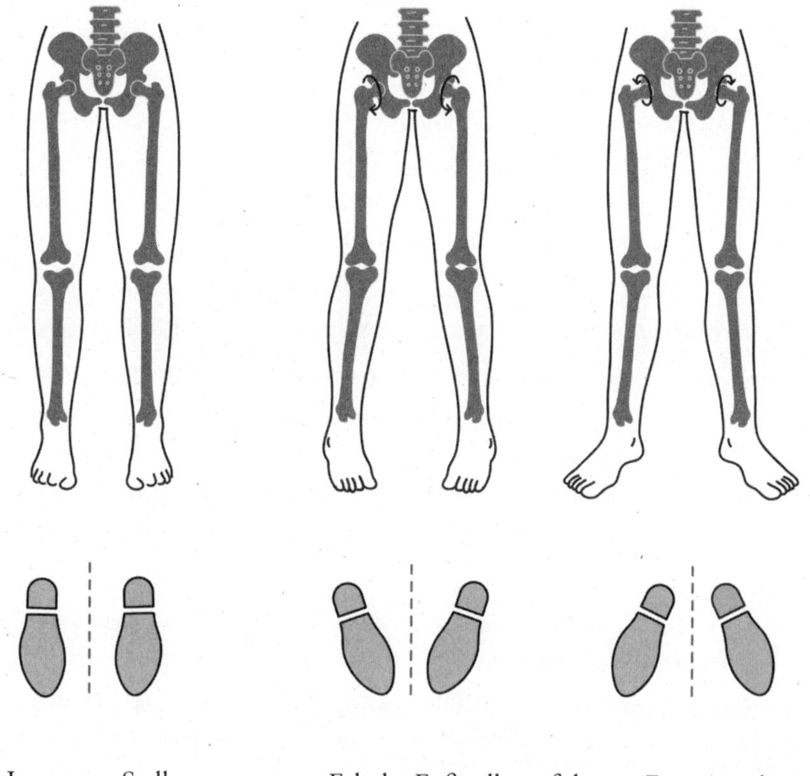

Jangsaeng-Stellung

Falsche Fußstellung führt zu Energieverlust.

Prinzip 2 des Jangsaeng-Gehens: Den Quell aktivieren

In der östlichen Medizin ist der Yong-chun einer der wichtigsten Energiepunkte. Yong-chun bedeutet „so wie Quellwasser aus der Erde sprudelt, wird Lebensenergie im Körper erzeugt". Er gilt als eine Quelle großer Vitalität und Tapferkeit in Ihrem Leben. Im Westen schwingt dieselbe Auffassung im Ausdruck „kalte Füße" mit, der suggeriert, dass Mut in gewisser Weise mit der Blutzirkulation in den Füßen zusammenhängt.

Der Yong-chun-Punkt liegt auf dem vorderen Teil der Fußsohle, direkt unter dem Fußballen, zwischen dem zweiten und dem großen Zeh, in der Einkerbung, wo der Fußabdruck ein umgekehrtes V bildet.

Um den Yong-chun zu stimulieren, stellen Sie sich aufrecht und bequem hin und lehnen sich etwa einen Grad von der Mitte der Fußsohle aus nach vorne. Wenn Sie so stehen, verlagert sich Ihr Gewicht automatisch auf den Yong-chun. Konzentrieren Sie sich dabei auf den Yong-chun und setzen Sie die Kraft Ihrer Zehen ein. Da das Gewicht nun gleichmäßig auf den ganzen Körper verteilt ist, wird den Gelenken nicht mehr Ihr ganzes Gewicht aufgebürdet. Vielleicht fällt Ihnen auf, dass es schwierig ist, in dieser Haltung still zu stehen, denn Ihr Körper wird den Drang haben, ganz natürlich und mit wenig Mühe nach vorn zu schnellen.

Nun gehen Sie vorwärts, konzentrieren sich dabei auf den Yong-chun und setzen die Kraft Ihrer Zehen ein, als wollten Sie die Erde greifen. Da Ihr Gewicht auf den Zehen lastet, wird sich all das Gewicht, das auf den Fersen lag, nach vorne verschieben.

Wenn Sie bewusst auf den Yong-chun drücken, trainieren Sie automatisch den Soleus, den Muskel auf der Rückseite des Beins nahe der Ferse. Man geht davon aus, dass eine Schwäche dieses Muskels teilweise für körperliche Instabilität älterer Menschen verantwortlich sein könnte. Ein schwacher Soleus-Muskel könnte für den schlurfenden Gang verantwortlich sein, der so häufig bei älteren Menschen zu beobachten ist, und dies könnte zu gefährlichen Stürzen führen. Wenn Sie während des Jangsaeng-Gehens nach vorne Druck auf Ihre Zehen ausüben, trainieren Sie jedoch automatisch den Soleus.

Kontrolle

- ☑ Stellen Sie sich aufrecht hin und neigen Sie Ihren Körper um etwa einen Grad nach vorne.
- ☑ Stellen Sie sich vor, es befände sich ein Knopf zur Energieaktivierung auf Ihrem Yong-chun, und versuchen Sie, ihn bei jedem Schritt zu aktivieren.

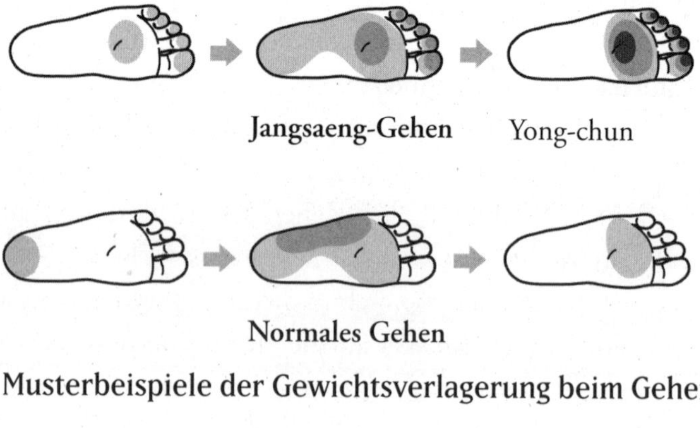

Musterbeispiele der Gewichtsverlagerung beim Gehen

Prinzip 3 des Jangsaeng-Gehens: Haltung für Energie

Das Steißbein sollte man unter anderem deswegen nach innen einziehen, um den besten Winkel bilden zu können, so dass die Energie im Dahn-jon (Unterleib), dem Energiezentrum des Körpers, gesammelt werden kann. Wenn das Steißbein eingezogen ist und sich der Anus anspannt, hebt sich die Hüfte automatisch. Die Energie wird ganz natürlich im Dahn-jon gesammelt und das gedrehte Becken ist gut ausgerichtet. Wenn das gedrehte Becken sich ausrichtet, wird die Wirbelsäule begradigt und die Funktionen aller Organe, einschließlich der Verdauungsorgane und der Genitalien, verbessern sich. Die meisten Menschen lassen ihr Steißbein zur Entspannung eher nach hinten fallen, was zu einem großen Verlust der gesammelten Energie führt.

Das Steißbein einzuziehen ist ganz einfach. Sie brauchen nur den unteren Teil Ihres Beckens nach vorne zu neigen. Ziehen Sie die Hüften etwas nach vorn. Wenn Sie sich selbst kontrollieren wollen, stellen Sie sich vor eine Wand und legen Sie Ihre Hand zwischen Ihren Unterleib und die Wand. Fühlen Sie, wie Ihre Hand eingeklemmt wird, wenn Sie das untere Becken kippen. Sobald Sie diesen ersten Schritt beherrschen, ergibt sich der Rest der Technik leichter.

Beim Einziehen des Steißbeins spannt sich der Anus an und zu diesem Zeitpunkt wandert die Wasserenergie der Nieren durch die Wirbelsäule und spritzt aufwärts und aus dem Scheitel heraus, als wäre es ein Wasserstrahl, der plötzlich Druck erhält und dynamisch aufsteigt. Wenn dieser Wasserstrahl den ganzen Körper umhüllt und nach unten fließt, kühlt der Kopf, der sich zuvor schwer und heiß anfühlte, allmählich ab, und die Augen, die blutunterlaufen waren, werden klar. Gesicht und Haut schimmern, der Mund, bislang trocken, entwickelt mehr Speichel und wird dadurch feuchter und der

Geist wird ruhig. All diese Vorgänge werden von der Energie verursacht, die ausgeschüttet wird, wenn man das Steißbein einzieht.

Kontrolle

- ☑ Ziehen Sie sanft das Steißbein, den untersten Teil des Rückgrats, ein.
- ☑ Falls es schwierig ist, das Steißbein einzuziehen, versuchen Sie beim Gehen die Hüften leicht nach vorne zu schieben.

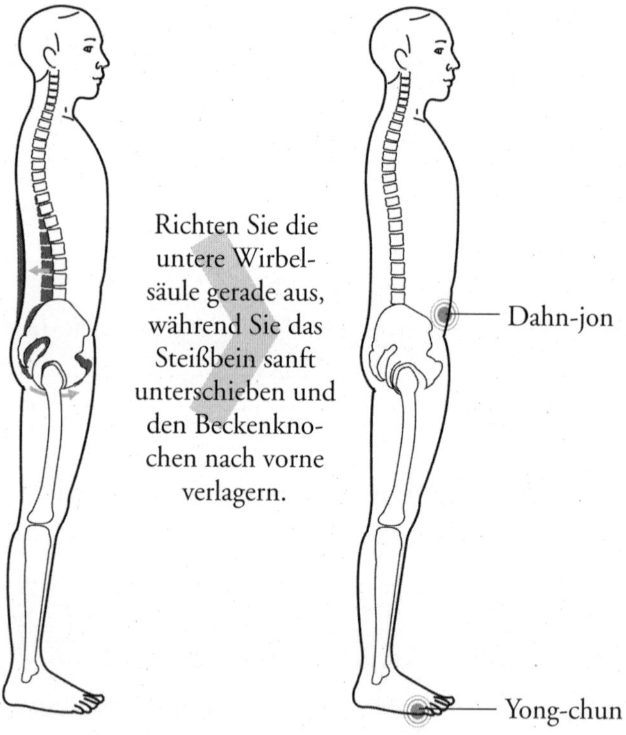

Körperausrichtung für das Yangsaeng-Gehen

Prinzip 4 des Jangsaeng-Gehens: Gehen Sie mit Freude

Wenn Sie Ihren Kopf nach hinten oder nach vorne beugen, drückt das Gewicht des Kopfes auf die Halswirbel und wirkt sich negativ auf das Atmen aus. Die Halswirbelsäule richtet sich gerade auf, wenn man das Kinn etwas nach außen wendet und nach vorne blickt; dann wird der Energiefluss ins Gehirn erleichtert.

Den Kopf zu heben oder zu senken beeinflusst den Körper erheblich. Der Nacken ist ein entscheidender Verbindungsweg, auf dem die Energie und das Blut des Körpers durch die Meridiane, Blutgefäße und Nerven in das Gehirn fließen. Den Kopf so weit zurückzulegen, dass das Kinn erhoben ist, oder ihn tief nach unten zu neigen blockiert stark den Übergang vom Körper zum Gehirn, und Energie und Blut zirkulieren nicht mehr gut. Die schwere Last auf den Halswirbeln verursacht eine schlechte Durchblutung, Muskelschmerzen und schließlich eine Unausgewogenheit des gesamten Rückgrats.

Wenn wir Leute sehen, die freudig mit erhobenem Kinn gehen, fühlen wir uns auch gut. Wenn Sie fröhlich gehen, werden Geist und Körper auch jung. Richten Sie Ihren Rücken auf und gehen Sie mit Zuversicht und Freude. Doch die Fußsohle zu sehr zu belasten, ebenso wie ein sehr lautes Geräusch beim Auftreten zu machen oder auch so leicht zu gehen, dass Sie kaum sagen können, ob Ihre Füße den Boden berühren, zerstreut die Energie des Dahn-jon. Darum: Achten Sie ganz besonders darauf, Schritte zu machen, die in punkto Geschwindigkeit und Kraft gemäßigt sind.

Kontrolle

☑ Blicken Sie nach vorne, das Kinn leicht erhoben, und gehen Sie mit Selbstvertrauen.

☑ Lassen Sie die Arme fallen, so dass sie natürlich herabhängen.

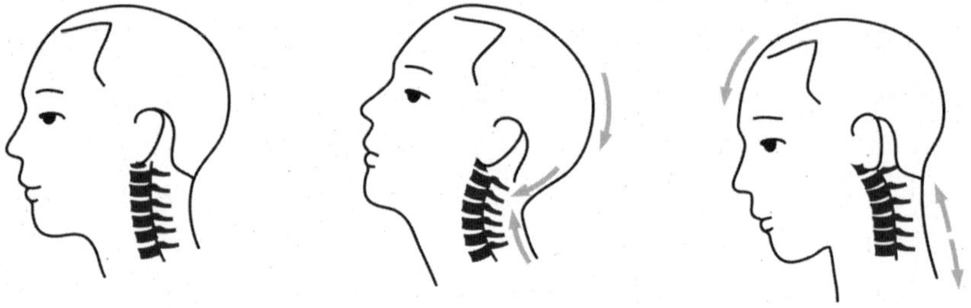

(0) (X) (X)

Jangsaeng-Kopfhaltung

Den Kopf zu weit nach hinten oder nach vorne zu neigen blockiert den Energiefluss.

Prinzip 5 des Jangsaeng-Gehens: Beziehen Sie Ihren Körper ein

Es liegt zwar nahe zu denken, dass wir nur mit den Füßen laufen und Dinge nur mit den Händen halten, doch das ist eine Fehlannahme. Selbst die leichteste und einfachste Bewegung wird mit jedem einzelnen Knochen und Muskel, die in Übereinstimmung sind, ausgeführt, und nur dann fühlen wir uns gesund und wohl. Darum sollten wir uns bei jedem Schritt, den wir tun, vergewissern, dass alle Teile unseres Körpers – einschließlich der Hüftgelenke, des Rückens, der Schultern und Arme – in Übereinstimmung sind.

Menschen, die mit den Händen in den Taschen und mit gebeugtem Kopf gehen, haben steife Schultern und ihr Nacken verlagert die gesamte Last des Gehens auf ihren Rücken. Schließlich werden die Hüftgelenke steif. Die richtige Haltung muss die Grundlage bilden, damit wir zum Wohl des gesamten Körpers gehen können. Behalten Sie die Grundhaltung des Jangsaeng-Gehens im Gedächtnis und gehen Sie mit dem Gefühl, den Yong-chun-Punkt auf der Fußsohle mit dem Scheitelpunkt zu verbinden. Zu gehen und dabei den bewussten Geist auf den Körper selbst zu richten ist eine großartige Methode, etwas für die eigene Gesundheit zu tun.

Wenn wir weiterhin gehen, indem wir die Energie des Yong-chun mit unserem Gehirn verknüpfen, spüren wir bald den Rhythmus unseres Körpers. Gehen Sie mit Freude und lassen Sie sich ganz natürlich von diesem Rhythmus tragen. Richten Sie die Aufmerksamkeit beim Gehen auf Ihren Geist und Körper. Wir werden schließlich inneren Frieden empfinden und objektiver, unabhängig von unseren eigenen Emotionen, urteilen können. Wenn der Rhythmus in unserer inneren Welt lebendig ist, erwacht unsere eigene Empfindung und kreative Ideen werden aktiv hervorgebracht.

Kontrolle

- ☑ Gehen Sie mit dem Gefühl, den Yong-chun mit dem Scheitelpunkt zu verknüpfen.
- ☑ Richten Sie den Geist auf die Körperempfindungen aus und achten Sie darauf, ob Sie sich irgendwo unwohl fühlen.

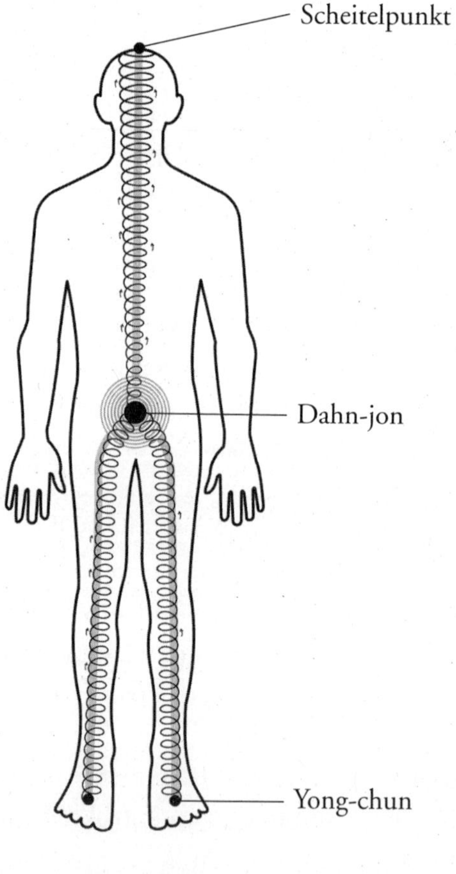

Die richtige Haltung kann das Zirkulieren der Energie im ganzen Körper erleichtern.

3. Das gehende Gehirn

Jede körperliche Bewegung ist gut für das Gehirn. Schließlich ist ein gesunder Körper der Ausgangspunkt für ein gesundes Gehirn. Wenn unser Körper gesund ist, ist unsere Blutzufuhr zum Gehirn ebenfalls gut und durch das Blut erhält das Gehirn all seine Nährstoffe und Sauerstoff. Dieselben Dinge, welche die Gesundheit des Körpers beeinflussen, wie Herz-Kreislauf-Fitness und der Blutzuckerspiegel, haben alle auch eine Wirkung auf das Gehirn. Wenn Sie Gewohnheiten entwickeln, die dazu beitragen, Beschwerden und Krankheiten wie Herzkrankheiten, Krebs und Schlaganfall zu vermeiden, tun Sie auch dem Körper sehr viel Gutes.

Das flexible Gehirn

Doch die Geschichte des Gehirns ist hier noch nicht zu Ende. Im Gegensatz zu anderen Organen verfügt das Gehirn über die einzigartige Fähigkeit, sich selbst mit der Zeit zu wandeln. Früher dachte man, das Gehirn sei aufgrund genetischer Vorgaben nicht mehr veränderbar, sobald wir das Erwachsenenalter erreichen, doch das ist nicht der Fall. Vielmehr hat das Gehirn eine Fähigkeit, die als Neuroplastizität bezeichnet wird und die es ihm ermöglicht, fortwährend seine Verbindungen zu ändern, um sich auf neue Situationen einzustellen. Selbst wenn Ihr Gehirn einigen Auswirkungen des Alterns unterworfen ist, verliert es im Grunde genommen doch niemals die Fähigkeit, zu lernen und sich selbst zu verbessern.

Aus diesem Grund sollten wir beim Trainieren und Üben nicht nur das Funktionieren des Gehirnstoffwechsels im Sinn haben, sondern auch daran denken, dass wir unsere Nervenverbindungen das ganze

Leben lang entwickeln und erhalten werden. Sie haben die Fähigkeit, für sich selbst ein Fitnessprogramm zu konzipieren, das Flexibilität und Schnelligkeit des Gehirns maximiert und erhält.

Bewegung jeglicher Art ist ein guter Ausgangspunkt. Jedes Mal, wenn wir uns bewegen, werden zahlreiche Nervenverbindungen aktiviert und verschiedene Teile des Gehirns stimuliert. Eine Person, die viel sitzt, tut ihrem Gehirn wenig Gutes, denn relativ wenige Neuronen werden aktiviert, wenn wir sitzen. Bei einer sitzenden Lebensweise verkümmern die Verbindungen des Gehirns, es wird schwerfällig oder sogar unzugänglich, insbesondere wenn wir älter werden. Ein aktiver Mensch andererseits verstärkt fortwährend die komplexe Interaktion von Gehirnimpulsen, die nötig sind, um Bewegung zu erleichtern.

Unser Gehirn hat etwa einhundert Milliarden Nervenzellen. Eine Nervenzelle ist der Hauptdarsteller im Aufbau des Gehirns. Sie liest die Informationen, die von den Sinnesorganen wie den Augen, der Nase oder der Haut vermittelt werden, und leitet sie weiter an andere Nervenzellen. Und nicht nur das: Sie hat die Fähigkeit, Information zu empfangen, zu senden und zu verarbeiten – die wichtigste Aufgabe des Gehirns.

Im Gegensatz zu anderen Organen haben die Neuronen des Gehirns eine Besonderheit, nämlich die, dass ihre Anzahl, wenn sie erst einmal feststeht, nicht mehr verändert werden kann. Die Anzahl der Zellen in den anderen Teilen des Körpers kann durch Zellteilung gesteigert werden. Unsere Wunden heilen deshalb, weil die Zahl der Zellen an der verwundeten Stelle wächst. Wenn jedoch eine Nervenzelle bei einem Unfall beschädigt wird, beeinträchtigt dies die entsprechende Funktion. Und aus diesem Grund müssen wir ganz besonders Acht geben und uns vor allem um das Gehirn kümmern.

Doch wenngleich die Anzahl der Zellen abnimmt, können wir glücklicherweise immer noch das Netzwerk erweitern, das die Zellen zusammenbringt, selbst wenn wir alt werden. Dieses Netzwerk wird als Synapse bezeichnet und verbindet Neuronen miteinander. Unabhängig von unserem Alter wächst die Synapse weiter, solange sie Stimulation erhält. Und wenn sie wächst, gewinnt das Gehirn seine Jugend zurück.

Doch wenn Sie einfach mit Ihrem vertrauten Lebensstil zufrieden sind, können Sie Ihrem Gehirn keine frische Stimulation geben, und dies führt zur Degeneration des Gehirns. Die durch den Alterungsprozess verursachte Verringerung der Nervenzellen vollzieht sich hauptsächlich im Cerebrum (Großhirn) und Cerebellum (Kleinhirn), den Zentren der Intelligenzfunktion und der motorischen Kontrolle, und diese degenerieren leicht. Anders ausgedrückt: Es wird zu einigen Störungen kommen, die unsere Intelligenz- und motorische Funktion betreffen.

Eine Strategie der Gehirnversicherung

Der Verlust kognitiver Funktionen durch Demenz oder die Alzheimer-Krankheit ist vermutlich die am meisten gefürchtete Folge des Alters. Glücklicherweise hat sich erwiesen, dass Gehen in dieser Beziehung eine hohe vorbeugende Wirkung hat.

Schon seit langem weiß man, dass Sport das Gehirn vor den Auswirkungen des Alterns zu schützen vermag. Eine Studie ist jedoch noch einen Schritt weiter gegangen. Darin wurde nachgewiesen, dass Gehen in einer Gruppe von Sechzig- bis Achtzigjährigen Gehirnschrumpfung rückgängig machte. Ihr Gehirn wurde im Verlauf der Studie buchstäblich größer.

Überdies ermittelte eine schwedische Studie, dass Personen, die in jüngeren Jahren mindestens zweimal wöchentlich Sport trieben, ein sehr viel geringeres Risiko hatten, später an Alzheimer zu erkranken. Interessanterweise wurde von den Teilnehmern das Gehen als gebräuchlichste Form der körperlichen Betätigung angegeben.

Gehen ist besonders gut für das Gehirn, weil es eine große Vielfalt an Gehirnfunktionen einbezieht, die gleichzeitig zusammenarbeiten – Gleichgewicht und Koordination, verbunden mit unseren fünf Sinnen und unserem bewussten Geist. Im Wesentlichen ist Gehen eine Art simultanes Cross-Training für das Gehirn.

Betrachten Sie einmal die komplexen Abläufe, die sich ergeben, wenn Sie die Jangsaeng-Gehtechnik anwenden. All Ihre Sinne müssen beschäftigt sein, um vollständig des Körpers gewahr zu werden, während Sie Ihre Körperneigung überprüfen. Ihre Arme schwingen frei an beiden Seiten und beteiligen beide Gehirnhälften. Ihr Gleichgewichtssinn wird herausgefordert und verstärkt und Ihr bewusster Geist muss mit den Bewegungen Ihres Körpers zusammenarbeiten. Es ist ein wahrhaft genialer Prozess, den wir jedes Mal durchlaufen, wenn wir gehen, und es ist eine großartige Methode, das Gehirn zu erhalten.

Gehen ist der perfekte Sport für BEST-Praktizierende, denn es fördert Körpergewahrsein und bietet endlose Gelegenheiten, die komplexe Bewegung des Gehens mit dem Einsatz der Sinne zu kombinieren.

Um des Gehirns willen ermutige ich Sie, Ihre Gänge abwechslungsreich zu gestalten und zu versuchen, die Sinne beim Gehen voll einzusetzen. Die naheliegendste Art und Weise, dies zu tun, besteht darin, Ihre Routen zu variieren und besondere Orte ausfindig zu machen, zu denen Sie gehen. Noch wichtiger ist es jedoch, Ihren Geist herauszufordern, beim Gehen jedes Mal neue Ansichten, Geräusche und Gerüche zu entdecken, selbst dann, wenn Sie in einer vertrauten Umgebung gehen. Unser Gehirn gerät leicht in den Trott, beim Gehen immer dieselben Dinge zu bemerken und daran zu denken. Bemühen Sie sich also gezielt, Dinge wahrzunehmen, die

Sie noch nie zuvor wahrgenommen haben, und Ihren Sinnen neue Beschäftigung zu geben.

Das atmende Gehirn

Unter den verschiedenen Abläufen, die im Körper vor sich gehen, beeinflusst das Atmen das Gehirn am meisten. Denn das Gehirn benötigt Sauerstoff, um arbeiten zu können. Das Gehirn macht nur zwei Prozent des gesamten Körpers aus, braucht jedoch am meisten Energie von allen Teilen des Körpers, da es alle menschlichen Aktivitäten wie das Atmen, den Herzschlag, körperliche Bewegung und Gedanken steuert.

Das Gehirn verbraucht fünfzehn Prozent des Blutes, das aus dem Herzen herausgepumpt wird, und auch dann, wenn es kaum beansprucht wird, verbraucht es etwa 25 Prozent des Sauerstoffs, der durch den Atem hineingelangt. Um das Gehirn mit viel Sauerstoff zu versorgen, sollte die Durchblutung also gut sein. Wird das Gehirn nur fünfzehn Sekunden lang nicht mit Blut versorgt, verliert die betreffende Person das Bewusstsein, und nach vier Minuten sind die Gehirnzellen so geschädigt, dass sie nicht mehr wiederhergestellt werden können.

Wenn Sie fortwährend gähnen oder sich benebelt fühlen, dann deswegen, weil die Gehirnzellen nicht aktiviert sind. Hält dieser Zustand an, sinkt Ihre Konzentration, es mangelt Ihnen an Motivation und Ihr Bewusstsein trübt sich.

Wie sollen wir dann dieses müde Gehirn wieder beleben? Zunächst sollte das Gehirn viel Sauerstoff erhalten. Und um es damit zu versorgen, muss die Durchblutung gut sein. Die meisten von uns erkennen an, dass das Herz problemlos schlagen sollte, um eine gute Durchblutung hervorzurufen, aber wir können das Herz nicht nach Belieben steuern. Die Füße können wir hingegen nach Belieben bewegen. Wenn wir also die Füße bewegen und sie trainieren, um die Arbeit des Herzens zu unterstützen, dann verläuft die Blutzirkulation des gesamten Körpers reibungsloser und die Sauerstoffversorgung bessert sich, und nun können wir von Kopf bis Fuß einen gesunden Zustand aufrechterhalten.

4. Die Beinarbeit verrichten

Ihr Gehirn speichert leicht Gewohnheiten. Jedes Mal, wenn Sie eine bestimmte Handlung ausführen, greift das Gehirn auf dieselben Schaltkreise zurück, und diese Verbindungen werden dadurch noch mehr verstärkt. Im Wesentlichen ist es für das Gehirn bequemer, wenn Sie Ihre alten Gewohnheiten behalten, ob sie nun gut für Sie sind oder nicht.

Verdrahten Sie Ihre Gewohnheit neu

Es ist kein Wunder, dass es so schwierig ist, eine neue Übungsroutine zu beginnen und sie durchzuhalten. Jedes Mal, wenn wir Pläne machen, unsere Verhaltensmuster zu ändern, muss das Gehirn ganz neue Nervenverbindungen bilden. Das ist für das Gehirn sehr anstrengend! Es kann in der Tat erschöpfend sein. Unser Geist zieht uns fortwährend zu unseren alten Verhaltensweisen hin, selbst wenn wir wirklich eine Veränderung wollen. Viele Neujahrsentschlüsse werden jedes Jahr wegen dieser dummen Eigenschaft des menschlichen Gehirns vereitelt.

Sie müssen beharrlich sein, wenn Sie eine gute Gehgewohnheit für sich herausbilden wollen. Anfangs, wenn Sie mit dem Jangsaeng-Gehen beginnen, werden Sie zweifellos einen Energieschub spüren, da Sie sich bewegen und Ihr Energiesystem „auf Linie“ bringen. Im weiteren Verlauf werden Sie jedoch auch Perioden geringer Energie durchleben. Dies sind die Zeiten, in denen Sie am meisten gefährdet sind, in Ihre alten sitzenden Gewohnheiten zurückzufallen.

Bemühen Sie sich in diesen Momenten ganz besonders, mit Ihrem Fitnessplan fortzufahren, denn dies sind die Momente, in denen willentlich eine neue Gewohnheit erzeugt werden kann. Wenn Sie die ersten Male im Jangsaeng-Stil gehen, ist es keine Gewohnheit. Die Handlung ist neu, und darum macht sie Spaß. Wenn Sie feststellen, dass Sie müde und unmotiviert sind, sich gut zu bewegen, erkennen Sie es als einen natürlichen Bestandteil des Neuverdrahtungsprozesses. Ihr Gehirn wird in die alte Routine zurückfallen wollen, doch Sie sind der Boss. Sie können Ihrem Gehirn sagen: „Tut mir leid, dass ich dir Unannehmlichkeiten bereite, aber ich habe entschieden, dass wir jetzt etwas anderes tun.“

Wenn das Gehirn neue Verbindungen aufbaut, um eine neue Gewohnheit zu bilden, ist es, als würden Sie einen neuen Flügel an Ihr Haus anbauen. Es macht Spaß, anfangs die Pläne zu zeichnen und damit zu beginnen, das Fundament zu legen. Doch an einem bestimmten Punkt ist der Konstruktionsprozess zwangsläufig ein bisschen lästig – chaotisch und erschöpfend. Vielleicht wünschen Sie sich sogar, sie hätten das Projekt niemals angefangen. Trotzdem machen Sie weiter, in dem Wissen, dass Sie letztendlich vom Anbau an Ihrem Haus profitieren werden.

Ein Fitnessprogramm abzubrechen, bevor es eine Gewohnheit geworden ist – das ist, als würde man ein Bauprojekt mittendrin aufgeben. Wenn Sie Ihre Fitnessziele zu Ende führen, werden Sie wie der Bauleiter Ihres Gehirns, indem Sie es, ausgerichtet auf das Leben mit mehr Fitness, das Sie anstreben, neu modellieren. Wenn Sie eine innere Stimme vernehmen, die Sie dazu drängt, eine Zeit lang auszusetzen, vergewissern Sie sich, dass das Gehirn weiß, wer der Boss ist. Bald werden Sie feststellen, dass die Fitnessgewohnheit ein einfacher, automatischer Teil Ihres Lebens geworden ist.

Eine Reise von zehntausend Schritten...

Sowohl der Surgeon General of the United States3 als auch die British Heart Foundation haben vorgeschlagen, man solle versuchen, die täglichen Wege auf zehntausend Schritte zu erweitern, um die allgemeine Fitness zu steigern. Für die meisten bedeutet dies, die Distanz, die Sie insgesamt gehen, zu verdoppeln oder zu verdreifachen. Wie viel Sie gehen, könnten Sie zwar auch anhand der Zeit oder der Distanz messen, doch es ist wichtig, dass Sie sich selbst Ziele setzen.

Versuchen Sie aber nicht, das Ziel in einem einzigen riesigen Sprung zu erreichen. Wenn Sie das Ziel der zehntausend Schritte anstreben, versuchen Sie zunächst, die Schritte zu zählen, die Sie an einem normalen Tag gehen. Ein Schrittzähler ist ein relativ preiswertes Hilfsmittel, das Sie dabei unterstützt. Sobald Sie wissen, wie viele Schritte Sie an einem Tag durchschnittlich gehen, erstellen Sie einen Plan, wie Sie Tag für Tag mehr Schritte hinzufügen können.

Wir leben in einer Gesellschaft, die von Komfort besessen ist, in der wir fast alles mit einem einfachen Anruf oder einem Mausklick erledigen können. Obwohl es im jeweiligen Augenblick bequem für uns ist, degenerieren unsere körperliche Gesundheit und die Funktionsfähigkeit unseres Gehirns jedoch, wenn wir immer mehr Zeit im Sitzen verbringen. Wollen Sie die zahlreichen Gesundheitsprobleme vermeiden, die moderne Gesellschaften bedrängen, dann fangen Sie mit dem Gehen an – gehen Sie, so viel Sie können. Verschiedenen Symptomen, die auf einen Mangel an Bewegung zurückzuführen sind, können Sie dadurch vorbeugen, dass Sie einfach gut gehen.

Die Zeit finden

Zusätzlich zu kurzen Geh-Snacks, die Sie Ihrem Tag anfügen, stellen Sie sich selbst vor die Herausforderung, längere Spaziergänge zu unternehmen. Versuchen Sie, die Zeit für wenigstens einen einstündigen Spaziergang pro Woche zu finden, und gehen Sie mindestens dreimal wöchentlich eine halbe Stunde oder länger. Dadurch werden Sie kardiovaskuläre Ausdauer entwickeln und Sie werden auch Vorteil ziehen aus einigen subtileren nützlichen Effekten des Gehens, wie seinen stressreduzierenden Eigenschaften, die bei kürzeren Distanzen nicht zum Tragen kommen.

Sie fragen vielleicht: „Wann ist die beste Zeit zum Gehen?“ Die Antwort auf diese Frage hängt von der Wirkung ab, die Sie anstreben. Der Morgen ist eine wundervolle Zeit, wenn die Luft noch rein und frisch ist. Am Morgen zu gehen ist eine großartige Methode, Ihren Tag mit einem klaren Geist zu beginnen und emotional und spirituell mit sich selbst in Kontakt zu treten.

Andererseits ist der Abend eine wunderbare Zeit zu gehen und das, was am Tag geschehen ist, noch einmal an sich vorbeiziehen zu lassen. Nutzen Sie einen Abendspaziergang als Gelegenheit, jegliche Gefühle und Anspannungen loszulassen, die sich tagsüber aufgebaut haben. Eine Studie hat ergeben, dass Leute, die nach dem Abendessen spazieren gehen, mit geringerer Wahrscheinlichkeit Verdauungsprobleme, wie zum Beispiel Reizdarm, entwickeln. Also könnte der Abend auch die beste Zeit sein, um der körperlichen Gesundheit wegen zu gehen.

Anfängern empfehle ich, verschiedene Tageszeiten auszuprobieren, um festzustellen, welche für Sie am besten geeignet ist. Sehen Sie, wie Sie sich mental, körperlich und emotional mit verschiedenen Zeiten des Gehens fühlen. Letztendlich sollten Sie aber dennoch eine bestimmte Zeit für das Gehen festlegen, damit es ein gewohnheitsmäßiger Teil Ihres Tagesablaufs wird.

Der Reifeprozess der Gewohnheit des Gehens

Nur gute Gewohnheiten bewirken, dass ein Körper gesund ist. Die Tatsache, dass Sie eine teure Sportausrüstung haben oder verschiedene Gesundheitspräparate einnehmen, heißt nicht, dass Sie gesund sein werden. Der Satz „use it or lose it" – „nutze es oder es geht verloren", ist auf den Körper anwendbar. Die wichtigste Gewohnheit, um gesund zu bleiben, ist regelmäßige Bewegung. Der leichteste und einfachste Weg, dies zu tun, besteht darin, die Anzahl der Schritte zu erhöhen, die wir im Alltag gehen.

Geben Sie niemals Ihrem Wunsch nach, in den Aufzug vor Ihnen einzusteigen; nehmen Sie die Treppe. Wenn Sie den Aufzug sehen, sagen Sie sich, „ich werde keine Trainingszeit verlieren!", um Ihre Entschlossenheit zu bewahren. Und wenn Sie die Stufen sehen, sagen Sie: „Hey, schön, euch zu sehen. Ihr seid das ultimative kostenlose Fitnesscenter!" Gehen Sie fröhlich mit der Jangsaeng-Methode.

Tun Sie dies regelmäßig und Ihr Geist wird sich zum Besseren wandeln, zusammen mit Ihrem Körper.

Übersicht über die Gehirnschulung gemäß BEST

	Gehirnorientiertes Ziel	Häufig genannte positive Wirkungen	Empfohlene Übungen für jede Stufe
Stufe 1 Sensibilisierung	Die Gehirn-Körper-Sinne wecken	Körperliche Gesundheit, verbesserte Konzentration und Aufmerksamkeit	Dehnübungen, Energiegewahrsein, Atmen
Stufe 2 Flexibilisierung	Das Gehirn flexibler und anpassungsfähiger machen	Verbesserte Anpassungsfähigkeit und Kreativität, eine widerstandsfähigere geistige Disposition	Gleichgewichtsübungen, Körper-Gehirn-Koordination, geistige Flexibilität
Stufe 3 Auffrischung	Das eigene Gehirn von negativen Erinnerungen und Gewohnheiten befreien	Positive Einstellung, Selbstvertrauen	Emotionales Loslassen, Partnerheilung, Selbstreflexion
Stufe 4 Integration	Gehirnfunktionen integrieren und Potential freisetzen	Ausgeglichen, mehr Gelassenheit in Verhalten und Aktivitäten	Runde Formen zeichnen, Gehirnwellenschwingung, Kreativitätsübungen, Übungen zum Energieaufbau
Stufe 5 Souveränität	Gesteigertes Umsetzungsvermögen und Vorstellungskraft	Sich der Macht der Entscheidung und der Kreativität bewusst werden; Autor des eigenen Lebens sein	Meditation, Gehirn-Screen, sich selbst zu etwas erklären

Das Programm der Gehirnschulung für erfolgreiches Altern

Gehirnschulung für erfolgreiches Altern ist ein Programm, das Erwachsenen die erforderlichen Hilfsmittel an die Hand gibt, um aktiv daran mitzuwirken, geistiges, körperliches und emotionales Wohlbefinden hervorzubringen und aufrechtzuerhalten. Indem die Gehirnschulung für erfolgreiches Altern neueste Ergebnisse der Neurowissenschaft und der Bewegungs- und Sportgerontologie (engl. Gerokinesiologie) verwendet, greift sie auf Übungen und Aktivitäten zurück, die ein Gefühl für Harmonie zwischen Gehirn und Körper fördern.

Gestützt auf die fünf Stufen der Gehirnschulung gemäß BEST (Sensibilisierung, Flexibilisierung, Auffrischung, Integration und Souveränität), beginnen die Teilnehmer mit einer Reihe von Übungen, die darauf ausgerichtet sind, Körper und Gehirn zu wecken, das Gehirn flexibler und anpassungsfähiger zu machen und es von negativen emotionalen Erinnerungen und Gewohnheiten zu befreien. Indem die Teilnehmer jede Stufe durchlaufen, lernen sie systematisch, wie sie verschiedene Gehirnfunktionen integrieren, ihr praktisches Umsetzungsvermögen steigern und aus ihrem unbegrenzten Potential schöpfen können.

Das Ziel dieses Programms besteht darin, die Teilnehmer zu unterstützen, damit sie erkennen, dass das Vermögen des Gehirns nicht vom Alter abhängt, sondern von den Entscheidungen, die wir in jedem Augenblick treffen. Ein enormes Potential an Fähigkeiten und Energie liegt im Gehirn verborgen, das entwickelt werden kann, indem man bewusst gewisse Entscheidungen trifft. Dieses Gewahrsein ermöglicht es den Einzelnen, das Gehirn wirklich in Besitz zu nehmen, mit dem Ergebnis eines erfüllteren Lebens. Gehirnschulung für ein erfolgreiches Altern versetzt uns in die Lage, die Vorteile eines jugendlichen Geistes und Körpers zusammen mit jener Reife und Weisheit zu genießen, die mit dem Alter und der Erfahrung kommen.

Zu den nützlichen Effekten des Programms gehören:

- verbesserte Aufmerksamkeit und Konzentration
- ein besseres Gedächtnis
- erweiterte Vorstellungskraft und Kreativität
- mehr Energie und Durchhaltevermögen
- Geistesschärfe
- umfassendes Wohlbefinden und Stressbewältigung

Falls Sie das Programm der Gehirnschulung für erfolgreiches Altern für sich oder Ihre Gemeinschaft in Betracht ziehen, wenden Sie sich an:

PowerBrain Education, LLC
450 Jordan Rd #2
Sedona, AZ 86336
info@powerbrainedu.com
www.powerbrainedu.com

Oder an das:

HSP Zentrum
Quirinstraße 10
40545 Düsseldorf

Tel: 0211 16 63 56 93

Webseite: www.hspholistic.de

Das HSP Zentrum bietet an:

- Unterricht
- Wochenendseminare
- Jahreskurs: Ausbildung zum HSP Übungsleiter
- Meditationstouren nach Korea, dem Ursprung von HSP
- nach Kanada – ganz nah an der Natur
- nach Mago Garden, in Sedona, Arizona (USA)

Der Fitnesstest für Senioren

Der Fitnesstest für Senioren ist eine leichte und wirksame Methode, die Kraft, Flexibilität und Ausdauer älterer Menschen ohne eine technisch ausgefeilte Ausrüstung zu messen. Er ist sicher und angenehm für Ältere, genügt jedoch gleichzeitig auch wissenschaftlichen Zuverlässigkeits- und Validitätskriterien. Den Leistungsnormen, die von der Koautorin von In voller Blüte, Dr. Jessie Jones, und ihrer Kollegin, Dr. Roberta Rikli, entwickelt wurden, liegen die tatsächlichen Leistungsauswertungen von über siebentausend Männern und Frauen im Alter zwischen sechzig und vierundneunzig zugrunde. Wenn Sie diesen Test durchführen, dann tun Sie es nach bestem Vermögen, ohne sich jedoch zu überanstrengen oder sich über das Maß dessen hinaus, was Sie als sicher betrachten, anzutreiben. Dem Test sollte ein fünf- bis zehnminütiges Programm mit Aufwärm- und allgemeinen Dehnübungen vorangehen.

Dieser Test wurde zwar nicht speziell für den Einsatz in der Methode der Gehirnschulung gemäß BEST entwickelt, eignet sich begleitend jedoch großartig. Besonders hilfreich ist er, um die Fortschritte auf der ersten Stufe (Gehirnsensibilisierung) zu bewerten, bei der die Verbindung zwischen Körper und Gehirn im Vordergrund steht. Wenn Sie mit älteren Menschen arbeiten oder Ihren eigenen Zustand beurteilen wollen, versuchen Sie diesen Test durchzuführen, bevor Sie mit BEST beginnen. Normalerweise sind etwa drei Monate regelmäßiger Praxis erforderlich, bis sich der Nutzen von BEST voll entfaltet, daher wird empfohlen, den Test alle drei bis sechs Monate zu wiederholen.

30 SEKUNDEN LANG AUFSTEHEN UND HINSETZEN

ZIEL: Einschätzen der Kraft im Unterkörper, die für viele Aufgaben erforderlich ist, wie zum Beispiel, um auf einen Stuhl zu steigen, zu gehen, sich von einem Stuhl zu erheben, aus der Wanne aufzustehen oder aus einem Auto auszusteigen.

Durchführung des Tests: Setzen Sie sich auf einen Stuhl, die Arme über der Brust verschränkt. Stehen Sie auf und setzen Sie sich dann wieder hin. Zählen Sie, wie oft Sie in 30 Sekunden voll zum Stehen kommen können.

ARMBEUGEN

ZIEL: Testet die Kraft des Oberkörpers, die notwendig ist, um Aufgaben im Haushalt und andere Aktivitäten auszuführen. Dazu gehört auch das Heben und Tragen von Gegenständen, wie zum Beispiel von Einkäufen und Koffern – oder auch von Enkelkindern.
DURCHFÜHRUNG DES TESTS: Setzen Sie sich auf einen Stuhl. Der eine Arm hängt an Ihrer Seite herab und hält eine Hantel – 5 Pfund für Frauen und 8 Pfund für Männer. Beugen Sie den Ellenbogen und bringen Sie das Hantelgewicht auf Schulterhöhe; dann strecken Sie den Arm wieder aus, um eine Armbeuge bzw. einen sogenannten Bizeps-Curl abzuschließen. Zählen Sie die Anzahl der Bizeps-Curls, die Sie in 30 Sekunden durchführen können.

SECHS MINUTEN GEHEN

ZIEL: Misst die aerobe Ausdauer, die wichtig ist, um lange Distanzen gehen zu können, Treppen zu steigen, einzukaufen und im Urlaub Sehenswürdigkeiten zu besichtigen.
DURCHFÜHRUNG DES TESTS: Zählen Sie, wie viele Meter Sie in sechs Minuten um eine Bahn von ca. 45,00 m Länge zurücklegen können.

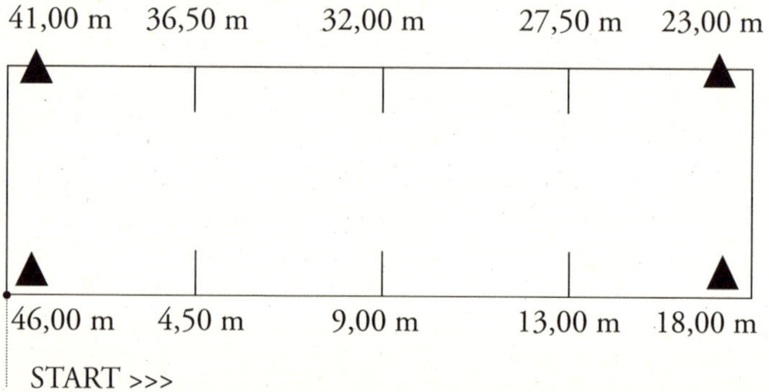

ZWEI MINUTEN AUF DER STELLE GEHEN

ZIEL: Bietet eine Alternative, um die aerobe Ausdauer zu testen, wenn aufgrund räumlicher Einschränkungen oder des Wetters der Test „sechs Minuten gehen" nicht möglich ist.
DURCHFÜHRUNG DES TESTS: Stellen Sie sich aufrecht hin und heben Sie ein Knie etwa auf die halbe Höhe zwischen der Kniescheibe (patella) und dem Beckenkamm (crista iliaca). Lassen Sie

das Bein wieder sinken und wiederholen Sie das Ganze mit dem anderen Bein. Tun Sie dies kontinuierlich zwei Minuten lang und zählen Sie, wie oft das rechte Knie die erforderliche Höhe erreicht.

AUF DEM STUHL SITZEN UND DIE ZEHEN ERREICHEN

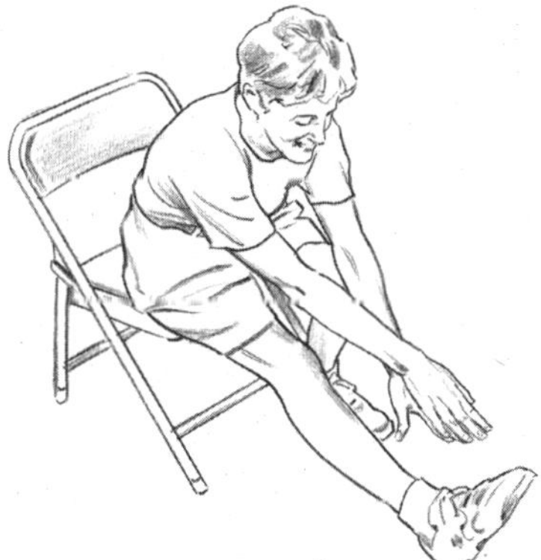

ZIEL: Einschätzen der Beweglichkeit des Unterkörpers, die wichtig ist für eine gute Haltung, normale Gangmuster und für diverse Beweglichkeitsaufgaben, wie zum Beispiel aus einer Badewanne herauszukommen oder aus einem Auto auszusteigen.

DURCHFÜHRUNG DES TESTS: Strecken Sie, auf der vorderen Kante eines Stuhls sitzend, ein Bein nach vorne aus und versuchen Sie, Ihre Zehen zu erreichen. Messen Sie, wie viele Zentimeter der Abstand zwischen den ausgestreckten Fingerspitzen und den Zehen beträgt.

DEN RÜCKEN KRATZEN

ZIEL: Prüft die Beweglichkeit der Schultern, die für alltägliche Verrichtungen wie das Haarkämmen, Anziehen oder das Greifen nach einem Anschnallgurt wichtig ist.
DURCHFÜHRUNG DES TESTS: Greifen Sie mit einer Hand hinter dem Kopf über die Schulter und mit der anderen hinter der Taille an der Mittellinie des Rückens entlang nach oben. Messen Sie die ungefähre Entfernung in Zentimetern zwischen den ausgestreckten Mittelfingern.

AUFSTEHEN UND 2,50 M GEHEN

ZIEL: Einschätzung von Agilität und Gleichgewicht, beide wichtig für tägliche Aufgaben, die schnelles Manövrieren erfordern, wie zum Beispiel aus einem Bus auszusteigen oder aufzustehen, um etwas in der Küche zu besorgen.
DURCHFÜHRUNG DES TESTS: Zählen Sie, wie viele Sekunden benötigt werden, um aus einer sitzenden Haltung aufzustehen, 2,50 m zu gehen, umzudrehen und sich wieder hinzusetzen.

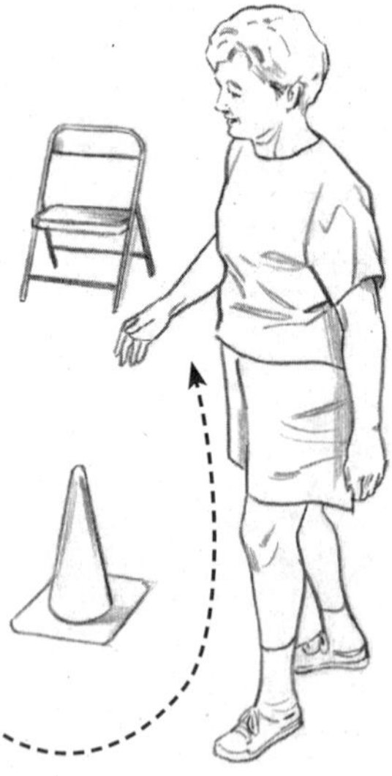

Funktions-Fitnesstest für Senioren

Normaler Bereich der Werte

Altersgruppe	**60–64**	**65–69**	**70–74**
Vom Stuhl aufstehen (Anzahl)			
Frauen	12–17	11–16	10–15
Männer	14–19	12–18	12–17
Armbeugen (Anzahl der Wiederholungen)			
Frauen	13–19	12–18	12–17
Männer	16–22	15–21	14–21
Sechs Minuten gehen (Meter)			
Frauen	498–604	457–581	439–562
Männer	558–672	512–640	498–622
Zwei Minuten auf der Stelle treten (Anzahl der Schritte)			
Frauen	75–107	73–107	68–101
Männer	87–115	86–116	80–110
Auf einem Stuhl sitzen und die Zehen erreichen (Zentimeter)			
Frauen	1,5–13,0	1,5–11,5	2,5–10,0
Männer	6,5–10,0	7,5–7,5	9,0–6,5
Den Rücken kratzen (Abstand der Finger in Zentimetern)			
Frauen	7,5–4,0	9,0–4,0	10,0–2,5
Männer	16,5–0,0	19,0–2,5	20,5–2,5
Aufstehen und 2,50 gehen (Sekunden)			
Frauen	6,0–4,5	6,5–5,0	7,0–5,0
Männer	5,5–4,0	6,0–4,5	6,0–4,0

75–79	80–84	85–89	90–94
10–15	9–14	8–13	4–11
11–17	10–15	8–14	7–12
11–17	10–16	10–15	8–13
13–19	13–19	11–17	10–14
393–535	352–494	311–466	251–402
430–585	407–553	347–521	279–457
68–100	60–91	55–85	44–72
73–109	71–103	59–91	52–86
4,0– 9,0	5,0–8,0	6,5–6,5	11,5–2,5
10,0–5,0	14,0–4,0	14,0–1,5	11,5–1,5
13,0 – 1,5	14,0–0,01	8,0–2,5	20,5–2,5
23,0–5,0	24,0–5,0	25,5–7,5	27,0–10,0
7,5–5,0	9,0–6,0	9,5–6,0	11,5–7,5
7,0–4,5	7,5–5,0	9,0–5,5	10,0–6,0

Bibliografie

American Society on Aging: „Marian Diamond's Optimism About the Aging Brain". *Aging Today*, May/June 1998.

Carmichael, Mary: „Stronger, Faster, Smarter." *Newsweek*, March 26, 2007.

Cohen, Gene D.: *The Creative Age. Awakening Human Potential in the Second Half of Life.* New York: Avon, 2000. [Vital und kreativ: Geistige Fitness im Alter. Düsseldorf: Walter Verlag, 2006. Oder als Taschenbuch: Geistige Fitness im Alter: So bleiben Sie vital und kreativ. München: Dtv, 2009.]

Cohen, Gene (M. D., Ph. D.): „The Myth of the Mid Life Crisis." *Newsweek*, January 16, 2006.

Cohen, Gene D.: *The Mature Mind. The Positive Power of the Aging Brain.* New York: Basic Books, 2007.

Crowley, Chris/Lodge, Henry S. (M. D.): *Younger Next Year: A Guide to Living Like You're 50 Until You're 80 and Beyond.* New York: Workman, 2004.

Emory University Health Sciences Center: „Emory Study Lights Up The Political Brain." *ScienceDaily*, January 31, 2006.

Fukushima, Masanori et al.: „Evidence of Qi-gong Energy and its Biological Effect on the Enhancement of the Phagocytic Activity of Human Polymorphonuclear Leukocytes." *American Journal of Chinese Medicine.* 29.1.2001, 1–16.

Goleman, Daniel: *Emotional Intelligence. Why it can matter more than IQ.* New York: Bantam, 1997. [Deutsch: Emotionale Intelligenz. München: Dtv, 1997.]

Hansen, Mark Victor/*Linkletter, Art: How to Make the Rest of Your Life the Best of Your Life.* Nashville: Nelson Books, 2006.

Ilchi, Lee: *Best 5 Handbook: Reaching Your Potential with Brain Education.* Sedona: Healing Society, 2007.

Ilchi, Lee: *Brain Respiration: Making Your Brain Creative, Peaceful and Productive.* Sedona: Healing Society, 2002. [Gehirnatmung. Wie Ihr Gehirn kreativer, friedfertiger und produktiver wird. Freiamt: Arbor 2008.]

Jones, Jessie C./Rose, Debra J.: *Physical Activity Instruction in Older Adults.* Champaign: Human Kinetics, 2005.

Kallejian, Verne (Ph. D.)/Griffeths, Robert (Hrsg.): „An Approach to Understanding Emotional Health (Part 3)." *www.healthandage.com,* August 16, 2006.

Kelly and Kelly et. al.: *Irreducible Mind: Toward a Psychology for the 21st Century.* Rowman and Littlefield, 2007.

Larson, Wang, Bowen et. al.: „Exercise is Associated with Reduced Risk for Incident Dementia among Persons 65 Years of Age and Older." *Annals of Internal Medicine.* 144.2 (2006). 73–81.

Levy, Becca (Ph. D.)/Brickley, Michael (Ph. D.): „Ohio Longitudinal Study of Aging and Retirement." *Journal of Personality and Social Psychology.* April 1, 2006.

Myers, David G.: *The Pursuit of Happiness. Discovering the Path to Fulfillment, Well-Being and Enduring Personal Joy.* New York: Harper Paperbacks, 1993.

Penick, Jeffrey M./Fallshore, Marte: „Purpose and Meaning in Highly Active Seniors." *Adultspan Journal.* March 22, 2005.

Reynolds, Gretchen: „Lobes and Steel." *New York Times Play Magazine.* August 19, 2007.

Somer, Elizabeth, M. A., R. D.: *Age-Proof your Body. Your Complete Guide to Looking and Feeling Younger.* New York: McGraw-Hill, 2006.

Taylor, S. E. et al.: „Female Responses to Stress. Tend and Befriend, not Fight or Flight." *Psychological Review.* 107 (2003). 41–429.

Verghese, J. et al.: „Leisure Activities and the Risk of Dementia in the Elderly.“ *New England Journal of Medicine.* 348 (2003). 2508–16.

Wyoming Valley Health Care System Wellness Library: „Build a Buff Brain.“ *www.wvhc.staywellsolutionsonline.com.*

Yousheng, Shu et al.: „Modulation of Intracortical Synaptic Potentials by Presynaptic Somatic Membrane Potential.“ *Nature,* 441 (2006). 761–765.

Dank

Besonderer Dank gilt Tim Vandehey und Nicole Dean dafür, dass sie den richtigen Stil und Ton in die Niederschrift dieses Buches einbrachten; Jiyoung Oh für ihren Rat, dieses Buch bei BEST Life Media zu realisieren; Nora Lee und Jason Cessna dafür, dass sie das Programm der Gehirnschulung für erfolgreiches Altern entwickelt haben; Yoori Kim und Ji-in Kim, weil sie das Design dieses Buches voll erblühen ließen; Al Choi für seine ansprechenden Illustrationen; Edward Randolph, Gaye Anthony, Karon Miller und Mary Dunton dafür, dass sie perfekte Posen eingenommen haben; Tara Kim und der Dahn Foundation für ihr Engagement, mit dem sie die Gehirnschulung älteren Menschen näherbrachten, und den zahlreichen Heilenden und Praktizierenden, deren Hingabe und Enthusiasmus so vielen so viel vermittels Gehirnschulung geben.

Über die Autoren

Ilchi Lee

Während der letzten dreißig Jahre hat Ilchi Lee sein Leben der Aufgabe verschrieben, Wege zu finden, das Potential des menschlichen Geistes zu entwickeln. Die Gehirnschulung gemäß BEST (Brain Education System Training), eine Sammlung von Trainingsprogrammen für Geist und Körper, die dazu beitragen, das wahre Potential des Gehirns zu erschließen, ist das wichtigste Ergebnis dieser Suche. Das ultimative Ziel der Gehirnentwicklung ist Lee zufolge dauerhafter Weltfrieden. Er identifiziert das Gehirn als Sitz des menschlichen Bewusstseins und ist daher davon überzeugt, dass die Menschheit ihre gegenwärtige Situation durch die Entwicklung des Gehirns zu überwinden vermag.

Derzeit ist Ilchi Lee Präsident der University of Brain Education (Universität zur Gehirnförderung). Außerdem ist er Präsident des Korea Institute of Brain Science (KIBS) und der International Brain Education Association. Ilchi Lee hat dreißig Bücher verfasst. Seine Arbeit als Friedensstifter und Mentor findet weithin Anerkennung, sowohl in seiner Heimat Korea als auch in der internationalen Gemeinschaft.

Weitere Informationen erhalten Sie unter www.ilchi.com

Jessie Jones

Jessie Jones ist eine produktive Wissenschaftlerin auf den Gebieten Gerontologie, Gesundheit und Bewegungs- bzw. Sportwissenschaft. Derzeit ist sie Professorin im Fachbereich Gesundheitswissenschaften und Kodirektorin des Center for Successful Aging an der California State University, Fullerton. Sie ist Fellow des American College of Sports Medicine und der American Academy for Kinesiology and Physical Education.

Jones ist auf dem Gebiet Sportwissenschaft und Altern national und international für ihre Forschungen, ihre Programmkonzeption und die Entwicklung von Lehrplänen bekannt. Ihre Arbeiten sind in zahlreichen Fachzeitschriften erschienen und wurden in über hundert populären Zeitungen und Magazinen zitiert. Sie hat über hundert Fachpräsentationen bei Konferenzen in den Vereinigten Staaten und auf der ganzen Welt abgehalten, unter anderem in China, Taiwan, Frankreich und Deutschland. Seit über 25 Jahren leitet sie Gesundheits- und Fitnessprogramme für Senioren und hat mehrere wichtige Bücher über erfolgreiches Altern als Autorin oder Koautorin verfasst.

Weitere Informationen finden Sie unter www.hdcs.fullerton.edu/csa

Wichtiger Hinweis
Für die in diesem Buch gemachten Vorschläge können weder der Verlag noch die Autoren Verantwortung übernehmen. Im Zweifelsfall ist es ratsam, einen erfahrenen Arzt, Heilpraktiker oder Spezialisten für Naturheilkunde und Akupunktur zu konsultieren.

Weitere Literatur im Arbor Verlag

Ilchi Lee

Die Erfahrung des Menschseins

Ein Werkzeugkasten für den Weg zu einem authentischen Leben

Ilchi Lees Grundlagenwerk ist praktisch anwendbare Heilkunde und Friedensmanifest zugleich.
In leicht nachvollziehbarer Form vermittelt dieses Buch selbst anwendbare Praktiken fernöstlicher Gesundheitslehren. Dabei umfasst der *Werkzeugkasten für den Weg zu einem authentischen Leben* das gesamte Spektrum asiatischer Heilkunst. Meditation, Atemarbeit, Akupressur und Moxibustion bilden hier eine untrennbare, gesundheitsfördernde und friedensstiftende Einheit – unter Berücksichtigung neuester Erkenntnisse der Hirnforschung.
Ilchi Lees Werkzeuge zur Entfaltung wahrer Menschlichkeit können uns helfen, Vertrauen in unsere Fähigkeiten zu gewinnen und Kernfragen unseres Menschseins anzugehen. Auf dass es uns gelingen möge, unsere Lebensziele mit unserer Gesundheit und Sexualität in innerem Frieden in Einklang zu bringen.
Klar und konzentriert erinnert uns *Die Erfahrung des Menschseins* an einen Wunsch, der tief in uns schlummert und auf seine Entfaltung hin drängt: Lasst uns eine gesündere, glücklichere und friedlichere Gesellschaft erschaffen! Nutzen wir das Potenzial unseres Geistes und unseres Körpers – bringen wir den Mut auf, an diesen Traum zu glauben und wirklich darauf hin zu arbeiten.

ISBN 978-3-936855-73-9

Ilchi Lee

Gehirnatmung

Wie ihr Gehirn kreativer, friedfertiger und produktiver wird

Entfalten Sie das Potenzial Ihres Gehirns dank Gehirnatmung, einem einfachen und wirkungsvollen System geistiger, seelischer und körperlicher Entfaltung.

Gehirnatmung nach Dr. Ilchi Lee vereint sanft und wirkungsvoll Yoga und Traditionelle Chinesische Medizin mit den neuesten Erkenntnissen aktueller Gehirnforschung.

Die Praxis der Gehirnatmung stimuliert und verjüngt das Gehirn und erlaubt ihm, effizienter zu arbeiten. Das Ki, die Lebensenergie im Körper, wird ausgetauscht und erfrischt – der Körper wird mit neuer Ki-Energie aufgeladen.

Geistige Entfaltung ist kein spirituelles Luftschloss, sondern ein Prozess realer Veränderungen im Gehirn, die im Rahmen des Gehirnatmungs-Programms durch Atem-, Bewegungs- und Meditationstechniken stimuliert werden. Das Erwecken des Wahren Selbst, das Wiederaneignen der Meisterschaft über das eigene Gehirn stehen dabei im Mittelpunkt.

Ein kreatives Gehirn ist flexibel und einfallsreich. Selbst inmitten von Schwierigkeiten verzweifelt ein kreatives Gehirn nicht, sondern wird erfinderisch und findet eine Lösung.

Ein friedlicher Geist produziert Information, die positiv und heilsam ist – ein wertvoller Beitrag zur Schaffung von Frieden.

Ein produktives Gehirn ist ein verantwortungsvolles Gehirn mit einem fein abgestimmten Sinn für die Wirklichkeit. Ein produktives Gehirn hat eine Vision; es setzt sich ein Ziel und verwirklicht dieses.

ISBN 978-3-936855-72-2

Tulku Thondup

Die heilende Kraft des Geistes

Einfache buddistische Achtsamkeitsübungen für Gesundheit und Wohlbefinden

Gesundheit ist die untrennbare Verbindung von Körper, Geist und Seele. Heilung erfolgt aus buddhistischer Sicht vor allem durch die achtsame Kultivierung der Kraft des Geistes. Tulku Thondup lädt uns ein, diese heilende Kraft in uns zu erwecken – durch Imagination, Klänge, positive Wahrnehmungen, ein Bewusstsein des Vertrauens und durch Offenheit.

Die heilende Kraft des Geistes ist eine wirksame Quelle der Inspiration und Heilung, ein Ratgeber, der aufzeigt, wie wir mit Ängsten und Schwächen umgehen, unsere Stärken erkennen und diese in kreative Energien umsetzen können. Tulku Thondup zeigt uns, wie wir uns von negativem Stress befreien und zu Konzentration und Entspannung finden können. Dazu muss man nicht Buddhist sein oder entbehrungsreiche Jahre in weltlicher Abgeschiedenheit hinter sich bringen, denn dieser unermessliche Schatz tibetisch-buddhistischer Kultur zeichnet sich vor allem durch Lebensnähe und universelle Anwendbarkeit aus.

Einfache Übungen für Gesundheit, Wohlbefinden und Meditation laden uns ein, einen neuen Zustand innerer Balance zu erreichen.

ISBN 978-3-936855-60-9